SUSANNE WEIKL

Wachse über dich hinaus!

Mit
kreativem
Denken
leidenschaftlicher
LEBEN

Schirner
Verlag

ISBN 978-3-8434-1311-4

Susanne Weikl:
Wachse über dich hinaus!
Mit kreativem Denken
leidenschaftlicher leben
© 2017 Schirner Verlag, Darmstadt

Umschlag: Marie Springer, Schirner, unter
Verwendung von #84884899 (©Farferros),
#137665472 (©SalomeNJ), #140393260
(©Mrs. Opossum), #299070206 (©Maroshka),
www.shutterstock.com
Layout: Elena Lebsack, Schirner
Lektorat: Kerstin Noack, Schirner
Printed by: Ren Medien GmbH, Germany

www.schirner.com

1. Auflage Oktober 2017

Inhalt

Einführung

»Erfolgreich zu sein, setzt zwei Dinge voraus: Klare Ziele und den brennenden Wunsch, sie zu erreichen.«

Johann Wolfgang von Goethe

Brennen Sie leidenschaftlich fürs Leben oder sind Sie ausgebrannt? Ist Ihr Leben für Sie immer noch ein spannendes und reizvolles Projekt? Wie geht es Ihrem Lebensfeuer? Brennt es lichterloh oder auf Sparflamme? Sprüht es übermütige Funken oder ist es zu einem kleinen, müden Flämmchen geworden? Gibt es Ihnen genügend Kraft, damit Sie sich den Herausforderungen des Lebens gewachsen fühlen? Oder denken Sie wehmütig an Zeiten in Ihrem Leben zurück, in denen Sie im wahrsten Sinne des Wortes für Ihr Leben entflammt waren und Funken der Leidenschaft in die Welt hinausgesendet haben?

Die Welt um uns herum macht Quantensprünge, und wir bleiben klein und treten auf der Stelle. Die Zeit, in der wir leben, bietet Herausforderungen und Chancen zugleich. Unmögliches wird möglich, und gleichzeitig nehmen Sicherheit und Berechenbarkeit ab. Zu keiner Zeit haben die Menschen solche technischen Fortschritte gemacht und bahnbrechende Erkenntnisse gewonnen. Da müssen unterstützende Kräfte am Werk sein, die uns helfen, Probleme schnell und nachhaltig anzugehen. Die Zeiten der Anpassung und des Wartens sind vorbei. Wir werden aufgefordert, dem Leben mit Mut, Flexibilität und Leidenschaft zu begegnen.

Leidenschaftlich und aktiv die Dinge in die Hand nehmen, das ist der Schlüssel zum Glück. Doch das ist nur möglich, wenn unser Lebensfeuer lichterloh brennt!

Wollen Sie weiter klein bleiben, während die Welt um Sie herum täglich zu neuen Höhenflügen ansetzt?

Sicher nicht! Der folgende Gedankenaustausch, den ich vor Jahren mit einer Freundin hatte, soll Ihnen verdeutlichen, worauf es dabei ankommt … Vielleicht kommt Ihnen die Lebenssituation von Jutta ja bekannt vor?

Jutta schilderte mir damals:

»Ich hatte mir für diesen Urlaub so viel vorgenommen. Wir sind nicht weggefahren, und ich wollte unser Zuhause neu gestalten, um wieder durchatmen zu können. Seit dem Auszug der Kinder vor zwei Jahren will ich die Schränke ausmisten und mir einen Rückzugsraum einrichten. Mein Plan war, das am Morgen zu tun und es mir am Nachmittag richtig gut gehen zu lassen. Jetzt ist der Urlaub vorbei, und ich sitze wieder in dieser vollgestopften Wohnung. Ich war müde, antriebslos, brachte nichts zustande und fühlte mich am Ende des Urlaubs nicht wirklich kraftvoller. Die Urlaubstage gingen dahin, und außer einem morgendlichen Spaziergang mit meinem Mann habe ich nichts getan, kein Yoga, kein Tanzen. Nur für das Kochen habe ich mir richtig Zeit genommen. Es war sehr schön, mal wieder ein neues Rezept zu probieren und dann in Ruhe und mit Genuss zusammen zu essen.

Nach dem Urlaub dachte ich: Dann setzt du deine Pläne eben Stück für Stück um. Ich arbeite schon wieder seit zwei Monaten und stoße immer an die gleichen Grenzen. Ich nehme es mir jeden Tag vor, und nichts geschieht. Ich bin gefangen in meinen Mustern, das ist so frustrierend! Sag jetzt nicht, ich hätte den Urlaub genau so gebraucht, und die Zeit sei noch nicht reif dafür. Nein, ich will endlich der

Wohnung ein neues Gesicht geben und kriege es einfach nicht hin!

Wie machst du das, Susanne? Du kriegst so viele Sachen gleichzeitig gebacken, bist aktiv und entdeckst jeden Tag aufs Neue, wie leistungsfähig du bist. Ich bewundere dich, beobachte, wie du lebst, und fühle mich dabei wie ein kleiner Zwerg, der einfach nicht aus seinem Loch heraushüpfen kann. Wenn ich ehrlich bin, möchte ich so nicht bis zum Ende meines Lebens weitermachen! Kann ich dem Ganzen nicht eine neue Wendung geben? Ich habe den Vertrag mit meinem Leben innerlich gekündigt. Es läuft nur noch auf Sparflamme.«

Meine Antwort:

»Du willst mein Geheimnis wissen? Ich habe vor geraumer Zeit erkannt, dass ich an meine Grenzen gekommen war, nicht körperlich, sondern mental. Ich hatte mir die Luft nach oben abgeschnürt. Mir wurde bewusst, dass mein Leben für mich unspektakulär und reizlos geworden war und ich gar nicht wusste, wie leistungsfähig ich war, wenn ich anders dachte. Es fehlte die Lebendigkeit, das Überraschende und die Leidenschaft. Die nächsten Jahre so weiter leben? Nein, danke!

Ich erkannte: Wenn ich wirklich eine Veränderung haben wollte, dann musste ich das Problem an der Wurzel packen und mich aus dem Gefängnis meiner Denkmuster befreien. Es war nicht damit getan, eine Affirmation zu sprechen oder einen Stein bei mir zu tragen, der mich stark machte. Nein, wenn ich wirklich über mich hinauswachsen wollte, dann brauchte es eine richtige Erschütterung meines bisherigen Fundaments. Raus aus der Komfortzone und rein ins pralle Leben!

Ich konzentrierte mich ganz auf ein neues Gedankenmodell: ›Ich kann nur wachsen, wenn es keine Schranken gibt!‹ Ich begab mich in Freiheit, obwohl ich nicht wusste, wohin mich die Strömung bringen würde. Am Anfang habe ich tatsächlich mit Hammer und Meißel oder mit scharfen Lösungsmitteln gearbeitet, damit ich die verkrusteten Vorstellungen auflösen konnte.

Mein Wunsch, lichterloh für mein Leben zu brennen, war stärker als alle Widerstände. Ich wollte mein Lebensfeuer wieder richtig zum Brennen bringen und meine Leidenschaft fürs Leben neu entdecken. Das konnte nur in Freiheit geschehen, frei von einschränkendem Denken!

Mein Lebensziel ist: Ich will nicht auf Sparflamme leben, sondern lichterloh für dieses Leben brennen, es mit Leidenschaft leben und so viele Funken versprühen, dass andere Menschen mich gerne um sich haben und vor allem Lust bekommen, auch ihr Lebensfeuer wieder richtig aufzuwecken. Mein neues Weltbild und meine Art zu denken sind

mein Fundament, um immer weiter über mich hinauszuwachsen! So weit es geht!«

› Sind Sie auch unzufrieden mit Ihrem Leben?
› Fehlt es Ihnen an Visionen und Leidenschaft für Ihr
  Leben?
› Haben Sie keine Kraft, Dinge in Angriff zu nehmen?
› Sind Sie in Alltagsroutinen gefangen und fühlen sich
  ausgebrannt?
› Stoßen Sie immer wieder an die gleichen Grenzen?
› Fühlen Sie sich klein?
› Leben Sie auf Sparflamme?

Wenn Sie nur eine dieser Fragen mit Ja beantworten, dann
ist dieses Buch für Sie geschrieben.

Entzünden Sie Ihr Lebensfeuer neu – lassen Sie wieder die
Funken sprühen, und befreien Sie sich aus dem Käfig des
kleinkarierten Denkens. Gehen Sie hinaus ins Licht der
Freiheit. Wachsen Sie über sich hinaus! Brennen Sie für Ihr
Leben, statt sich ausgebrannt zu fühlen! Und schenken Sie
sich eine neue Welt, eine Welt der Chancen, Möglichkeiten
und Überraschungen.

Aufbruch in ein neues Leben:
Maui fängt die Sonne ein

Diese Erzählung von Maui, meinem Lieblingshelden aus dem alten Hawaii, übergebe ich nun in Ihre Hände. Statt Maui könnte der Held der Geschichte auch Platon, Sokrates, Medea oder Einstein sein. Sie alle haben Wege beschritten, die groß und breit waren, Platz für ein großes Denkspektrum boten und eher einem Boulevard glichen als einer alten Landstraße. Sie vertrauten ihrer eigenen Weisheit und Wahrheit und nutzten dieses Wissen, um ihr Leben und vor allem ihr Denken zu gestalten.

Maui wollte sich nicht damit abfinden, dass die Sonne jeden Tag so schnell über das Himmelsgewölbe huschte. Die Tage waren so kurz, dass die Menschen nicht einmal bei Tageslicht ihre Mahlzeit kochen oder ihre Nahrungsmittel ernten konnten. Mauis Mutter klagte, dass sie nie ihre ganze Arbeit erledigen konnte. Das brachte Maui auf die Idee, den Lauf der Sonne anzuhalten. Er studierte ihren Lauf und bat seine vier Brüder um Hilfe. Er wollte die Sonne in einer Schlinge fangen, um sie dann dazu zu bewegen, langsamer über den Himmel zu gleiten.
Seine Brüder glaubten nicht an seinen Plan. Maui erinnerte sie daran, was sie in ihrem Leben schon alles gemeistert hat-

ten. Für Maui war es selbstverständlich, jede erfolgreiche Handlung zu nutzen, um sein Selbstvertrauen zu stärken.

Sie begannen Seile herzustellen und formten daraus große Schlingen, um damit die Sonne einzufangen. Dann gingen sie auf den höchsten Berg und warteten auf den Sonnenaufgang. Maui erwischte den ersten Sonnenstrahl. Die Sonne wehrte sich, doch Maui fing einen Sonnenstrahl nach dem anderen ein, bis die Sonne zum Stillstand kam.

Sie verhandelte eine Weile, bis die Sonne bereit war, sich langsamer zu bewegen und länger aktiv zu sein. Dafür konnte sie sich im Winter länger ausruhen. Mauis Brüder waren wieder einmal tief beeindruckt, wie leicht es war, Mauis Ideen umzusetzen.

Maui war schon in den alten Zeiten ein Pionier, der Grenzen als Chancen sah, über sich hinauszuwachsen. In seiner Rolle als Halbgott zeigt er uns, dass wir Menschen mit einzigartigen, wundervollen Fähigkeiten ausgestattet sind und längst nicht so begrenzt sind, wie wir glauben. Er ist ein Held unserer Zeit, unlängst hat Walt Disney einen Zeichentrickfilm über ihn ins Kino gebracht. Treten Sie aus der Dunkelheit des alten Denkens heraus, werfen Sie jetzt das erste Lasso, und lassen Sie uns die Sonne einfangen und Ihr Lebensfeuer zum Glühen bringen!

Die Grundlagen –
5 Fragen für ein kraftvolles Leben

Sie sind in Ihrem Leben vielleicht an einem Punkt angelangt, an dem es scheinbar nicht mehr weitergeht. Ihre Art zu denken hält Sie klein, Sie sind an Ihre Grenzen gestoßen. Seien Sie gewiss: Damit sind Sie nicht alleine.

Diese Situation gab es schon häufig in der Geschichte der Menschheit. Und jedes Mal ist daraus ein erweitertes Weltbild entstanden. Wir brauchen Freiräume, Gestaltungsspielräume im Denken, um die Welt und ihre Möglichkeiten besser zu erfassen und über uns hinauszuwachsen. Ein verändertes Weltbild ermöglicht uns, ein anderer Mensch zu werden, ein Mensch, der mit neuem Schwung und mehr Leidenschaft durchs Leben geht.

Erforsche das Leben, solange du lebst!

Seit Jahrhunderten gilt für die Menschheit die Regel: »Wahr und vor allem bedeutsam ist nur, was wissenschaftlich bewiesen, also messbar und in Studien erprobt ist.« Doch ich bin überzeugt, dass wir alle Zugang zu der gigantischen Wissensbibliothek des Universums haben. Wir glauben, nur Wissenschaftler bekommen einen Benutzerausweis dafür. Doch wir alle werden hineingelassen, egal, welches Thema uns interessiert oder welche Schulbildung wir haben. Wir können einfach hineingehen, indem wir uns die Erlaubnis dazu geben und beschließen, dass wir dem, was wir dort finden und wahrnehmen, vertrauen. Es gibt dort so vieles zu entdecken, was unser Leben bereichert. Länger zu warten wäre Zeitverschwendung! Vertrauen Sie Ihrem Gespür und Ihrer Wahrnehmung, und erklären Sie Ihre eigenen Erfahrungen für gültig. Das ist der Schlüssel zu einem selbstbestimmten, kraftvollen Leben!

Häufig belächeln wir die Menschen und Kulturen, die ihrer eigenen Wahrnehmung trauen und intuitiv handeln. Doch viele Forschungen bestätigen, was Menschen vor unserer Zeit schon wussten oder Naturvölker leben. Wir sollten sie nicht für primitiv halten, sie besser bewundern für ihre Imaginationsfähigkeit und ihren Mut und Forschergeist. Uns unterscheiden lediglich unsere Denkstrukturen und unsere Einstellung dazu, was wahr und wirklich ist. Letztlich betrachtet jeder Mensch die Welt aus seinem Blinkwinkel, hat somit einen Ausschnitt der Wirklichkeit und nie das Ganze vor Augen. Diese Tatsache sollten wir berücksichtigen!

Schauen wir uns die Erkenntnisse der modernen Physik an. Sie sind messbar und bleiben dennoch für uns unverständlich, weil sie nur in komplizierten mathematischen Formeln ausgedrückt werden können. Die Zeit ist überreif, endlich selbst Forscher zu werden. Damit entdecken Sie Welten, die Ihnen bisher nicht zugänglich waren. Unzugänglich, nicht weil sie verschlossen waren, sondern weil Sie geglaubt haben, Sie seien Ihnen verschlossen. Benutzen Sie statt Formeln und Fachbegriffen Ihr Vorstellungsvermögen, Ihren gesunden Menschenverstand sowie Ihren Instinkt, und entdecken Sie weitreichende und elementare Dinge über sich und das Leben.

Verstehen Sie mich richtig, ich bin keine Gegnerin der Wissenschaft. Ich finde es wunderbar, welche Entdeckungen möglich sind. Gleichzeitig bin ich ein Mensch, der eigenständig und unabhängig denken will. Ich will selbst spüren und wahrnehmen und Schlüsse daraus ziehen. Ich will meinen Erfahrungen einen besonderen Stellenwert geben, sie als wertvoll und wichtig ansehen und selbst entscheiden, welcher Erfahrung ich wann den Vorzug gebe. Nur so kann unser Lebensfeuer richtig brennen.

Ich habe ein leidenschaftliches Plädoyer gehalten, um Sie anzustecken, zum Forscher Ihrer Welt und Ihres Denkens zu werden. Kommen Sie mit auf die Expedition zu Ihrem Lebensfeuer und Ihren Wachstumsmöglichkeiten.

Lassen Sie uns gleich mit dem Forschen beginnen. Unser Forschungsobjekt ist unsere Sichtweise auf das Leben. Fünf Fragen unterstützen Sie dabei zu erkennen, wie Wahrnehmung und Erleben zusammenhängen. Gleichzeitig mache ich Sie mit der Sichtweise von Huna, der Lebensweisheit aus dem alten Hawaii, vertraut. Huna ist mir ans Herz gewachsen und zum festen Bestandteil meines Lebens geworden. Diese Art, das Leben zu betrachten, hat mir sehr geholfen, mein Lebensfeuer mit neuer Dynamik brennen zu lassen. Ich möchte Sie an den Funken, die es in mir entzündet hat, teilhaben lassen.

Wie sehen Sie die Welt?

Seit Newton im 17. Jahrhundert die Parole: »Wirklich und wahr ist das, was messbar ist« ausgegeben hat, gilt sie als Maß aller Dinge. Ist das tatsächlich so? In den Jahrhunderten davor, egal, ob in Athen, Ägypten oder Polynesien, suchten die klugen Köpfe selbst im Geist nach Antworten. Sie bauten Pyramiden, berechneten den Lauf der Sonne, bereisten ohne Navigationsgeräte die Meere, erforschten die Gestirne und entwickelten Heilmethoden. Sie haben großartige Spuren hinterlassen, die uns staunen lassen. Viele ihrer Erkenntnisse konnten mit dem technischen Fortschritt auch wissenschaftlich bewiesen werden, doch wahr und wirklich waren sie schon zuvor.

Huna

»Die Welt ist so, wie du sie siehst«, lautet das 1. Prinzip des Huna. Tatsächlich ist Wirklichkeit das, was ich mit all meinen Sinnen wahrnehme. Eine objektive Wirklichkeit und Wahrheit gibt es nicht. Sie passt sich meinem Blickwinkel an. Wirklich und wahr ist sowohl, was ich auf der materiellen Ebene wahrnehme und erfahre, als auch alle mentalen und emotionalen Erlebnisse und Erkenntnisse. Jeder von uns erfährt Wirklichkeit auf seine Weise und gestaltet daraus seine Wahrheit.

Schauen Sie sich dieses Beispiel an: Drei Menschen sitzen am Strand. Die erste Person beobachtet das Spiel der Wellen, die zweite Person gräbt nach Muscheln für ein Mobile, und die dritte Person erträumt sich ein Häuschen am Strand. Jeder von ihnen ist am selben Ort, doch in unterschiedlichen Wirklichkeiten. Für die Träumerin und die Muschelsucherin sind Mobile und Häuschen genauso wahr wie die Meereswellen für die erste Person. Wirklichkeit und Wahrheit liegen tatsächlich im Auge des Betrachters.

Wie gut nährt Sie Ihr Fokus?

Unser Fokus ist ein Filter, der uns hilft, aus der Fülle an Informationen, die gleichzeitig vorhanden sind, die für uns wichtigen auszuwählen. Unser Fokus trägt dazu bei, wie intensiv unser Lebensfeuer brennen kann, ob wir stimulierende Impulse bekommen und ob sich unsere Energie erhöht. Vom Fokus und dessen Interpretation hängt es ab, wie kraftvoll wir handeln können. Je länger wir einen Fokus halten, desto intensiver ist unsere Reaktion.

Bestimmt haben Sie die folgende Situation schon einmal erlebt: Jemand gähnt, während Sie etwas erzählen oder einen Vortrag halten. Dieser Reiz, das Gähnen, kann als Langeweile, Müdigkeit oder Mangel an frischer Luft interpretiert werden. Die bloße Wahrnehmung des Gähnens löst körperliche, emotionale und mentale Reaktionen in Ihnen aus. Interpretieren Sie das Gähnen als Desinteresse, werden Sie verunsichert, Ihr Redefluss kommt ins Stocken, und der Gedanke, nicht fesselnd genug zu erzählen, beschäftigt Sie. Interpretieren Sie das Gähnen als kurzes Luftschnappen, dann reden Sie engagiert weiter und kehren mit Ihrer Aufmerksamkeit sofort wieder zu Ihrem Bericht zurück. Je überzeugter Sie von der Wahrheit Ihrer Interpretation sind, desto eindeutiger ist Ihre Reaktion.

Huna

Wahrnehmung und Fokus gehören zusammen. Das 3. Prinzip des Huna, »Die Energie folgt deiner Aufmerksamkeit«, lädt Sie ein, zu beobachten, worauf Ihre Wahrnehmung gerichtet ist, und immer wieder zu entscheiden, ob dieser Fokus Sie mit Energie versorgt, und zu schauen, wohin er führt. Alles, worauf Sie sich konzentrieren, verstärkt sich und zieht ähnliche Erlebnisse an.

Gehen wir noch einmal zu den drei Personen am Strand: Die erste Person denkt beim Beobachten der Wellen an die bevorstehende Abreise und gibt damit dem Abschiedsschmerz Energie. Die zweite Person denkt beim Muschelgraben an das Mobile, das aus den Muscheln entstehen soll, und energetisiert damit die Vorfreude auf ihr Kunstwerk. Die dritte Person träumt vom Haus am Strand und schenkt damit ihrer Vorstellungskraft Energie. Obwohl alle Personen am selben Strand sitzen, führt ihre unterschiedliche Fokussierung zu völlig unterschiedlichen Wahrnehmungen und Reaktionen. Und jede Reaktion hat Einfluss auf unser Energieniveau und die Intensität unseres Lebensfeuers.

Wie beweglich ist Ihre Art zu denken?

Immanuel Kant sagte: »Denken ist das intellektuelle Verarbeiten von Informationen.« Dabei ist es viel mehr: Denken ist ein innerer Dialog, ein Vergleichen, Beurteilen und Analysieren und ein Prozess der Lösungsfindung. Denken beinhaltet erinnern, wünschen, sich vorstellen, fühlen, erkennen und Strategien entwickeln. Wir alle haben gelernt, auf eine bestimmte Weise zu denken. Das gibt uns Struktur für den Alltag und erlaubt uns, die Millionen Informationen, die jede Minute auf uns einströmen, zu filtern. Unsere Denkmuster sind unsere Betriebsanleitung für Wahrnehmung. Diese gefilterte Wahrnehmung wiederum löst Reaktionen und Handlungen aus.

Huna

Aus Sicht von Huna entscheidet unser Denken darüber, wer wir sind und wer wir zukünftig sein werden. Denken ist ein Teil unseres Bewusstseins, neben Fantasie und Vorstellungsvermögen. Wir selbst lösen unsere Gedanken aus und können unser Denken flexibel steuern. Unser Denken erschafft unser Erleben in Form von Gefühlen, Körperreaktionen, Handlungen und daraus resultierenden Erfahrungen.

Katja geht schon beim Aufstehen in Gedanken durch ihren Tag. Die Fülle an Aufgaben, die erledigt werden wollen, erscheinen ihr wie ein großer Berg. Diese Vorschau führt dazu, dass sie sich kraftlos fühlt und wenig Lust hat, den Tag zu beginnen. Ihr Körper reagiert mit Kopfschmerzen und Rückenverspannungen. Die Freude, heute das neue Sommerkleid zum ersten Mal den Kollegen zu zeigen, ist sehr gedämpft, und ihre Alltagshandlungen erfolgen mechanisch. Den Tag beendet sie mit dem Gefühl, alles bewältigt zu haben, doch es war schwer und kraftraubend. Ihr Körper ist müde, und die Verabredung zum Essen cancelt sie, um für den kommenden, wieder anstrengenden Tag fit zu sein.

Unsere Art zu denken und die Intensität unseres Lebensfeuers hängen eng zusammen. Jeder Mensch ist ein multifunktionales Wesen, das mit einer großen Flexibilität im Denken ausgestattet ist. Mit unseren Gedanken erschaffen wir unsere Welt, eine Welt der Enge oder eine Welt des Wachsens. Unser Denken ist der Schlüssel dafür!

Wem und was glauben Sie?

Diese Frage ist sehr wichtig, wenn es um die Aktivierung des eigenen Lebensfeuers geht. Sie entscheidet darüber, wie sehr Sie an sich zweifeln, ob Sie Ihre eigene Autoritätsinstanz sind oder wie sehr andere Ihre Meinung beeinflussen. Daraus ergibt sich, was Sie von vornherein ausschließen, womit Sie sich im Zweifel zufriedengeben und wie neugierig Sie durchs Leben gehen. Überlegen Sie einmal, welche Wahrheiten Sie in Ihrem Alltag leben und warum ...

Die Wissenschaft z. B. arbeitet mit Hypothesen und Theorien, sie stellt Fragen und entwickelt Experimente, interpretiert Daten und deutet Muster. Daraus entstehen Modelle, nicht die Wahrheit. Die meisten Menschen würden sagen, dass Wissenschaft neutral ist. Tatsächlich? Wissenschaftler stellen Fragen und interpretieren Ergebnisse aufgrund ihrer persönlichen Gedankenmodelle und aufgrund dessen, was sie für möglich halten. Auch in der Wissenschaft entscheiden persönliche Vorlieben und Abneigungen darüber, welche Erklärung den Vorzug erhält. Diese Grundstrukturen beeinflussen ein Experiment und ebenso dessen Ergebnisse. Durch die Grundstrukturen unserer Wahrnehmung kann kein Mensch wirklich objektiv sein.

Huna

Den Mythos des objektiven Wissens können Sie getrost begraben. Die einzige, absolute Wahrheit gibt es nicht! Wahrheit beruht in erster Linie auf eigenen Erfahrungen und Interpretationen. »Zeige dein Können!«, mit diesem Motto lädt uns Huna ein, unser Wissen anzuwenden und damit Erfahrungen am eigenen Leib zu machen. Wir sollen mutig ausprobieren und beobachten, welche Veränderungen dadurch geschehen. Für Huna zählt, was wir mit den Methoden, die wir verwenden, erleben und erfahren und in welcher Form es unser Leben bereichert, uns gesünder und glücklicher macht. Das praktische Tun und die damit verbundenen Erfahrungen stehen im Vordergrund. Erfolgreiche Praktiker sind im Huna die wahren Helden des Alltags. Von ihnen möchte man lernen und an ihrer Weisheit teilhaben. Diese Einstellung hilft uns, unsere eigene Autoritätsinstanz zu werden.

Wir alle sind im übertragenen Sinne Wissenschaftler. Wir haben ein Problem und suchen eine Lösung. Das ist die gleiche Ausgangsbasis, mit der die Wissenschaft arbeitet. Der einzige Unterschied ist, dass unsere Erkenntnisse nicht um die Welt gehen und wir dafür keinen Nobelpreis erhalten. Soll uns das stören? Nein, es geht um unser Leben und unser Lebensfeuer. Je besser es brennt, desto wirkungsvoller sind wir in unserem Tun.

Übung: Berufung zum Wissenschaftler

Wissenschaft bringt das ans Tageslicht, was wir Menschen intuitiv wissen und in der Wissensbibliothek des Universums in Erfahrung bringen können. Alles Wissen ist zu jeder Zeit im Universum vorhanden und immer verfügbar. Wissen entsteht immer aus der Deutung von Daten. Unter dieser Prämisse erfolgt jetzt Ihre Berufung zum Wissenschaftler. Niemand Geringeres als Sie selbst sind für diese Berufung zuständig.

Als Erstes erstellen Sie sich eine Berufungsurkunde. Gestalten Sie diese Urkunde fröhlich, farbenfroh und eindrucksvoll zugleich. Im zweiten Schritt machen Sie sich bewusst, welches Ihre Forschungsmittel sind. Dazu gehen Sie in Gedanken Ihre ausgeprägten Fähigkeiten aller Art durch und legen fest, welche davon Sie nutzen wollen. Im dritten Schritt reflektieren Sie, welche Forschungsergebnisse Sie im Laufe Ihres Lebens schon zusammengetragen haben und welche Sie davon benutzen.

Zum Abschluss ermächtigen Sie sich per »Ritterschlag«, ab jetzt als Ihr eigener Wissenschaftler zu wirken, autonom, unabhängig, selbstbestimmt und erfolgreich.

Eine enge Freundin entdeckte vor einiger Zeit einen Knoten in ihrer rechten Brust und bekam die Diagnose »Brustkrebs«. Sie entschied sich, die Brust entfernen zu lassen. Zuvor arbeiteten wir daran, zu ergründen, welche Muster zu diesem Krebsgeschehen geführt hatten. Sie erkannte, dass die Pflege ihres Mannes und die bohrenden Gedanken, ob sie dem auf Dauer gewachsen wäre, die Basis dafür waren. Viel zu selten hatte sie Unterstützung angenommen oder sich Freiräume geschaffen. Ihr Leben lief auf Sparflamme. Seit einigen Wochen hatte sie begonnen, optimistischer in die Welt zu blicken und sich Unterstützung zu holen. Deshalb war das Krebsgeschehen etwas, was mit ihrem alten Leben zu hatte. Sie hatte die dahinter liegende Botschaft verstanden, der Krebs konnte nun entfernt werden, und sie würde ihre Neuausrichtung weiter vorantreiben.
Einige Tage vor der Operation ging sie zur Vorbereitung in eine Spezialklinik mit homöopathischer Ausrichtung. Obwohl Sie schon weit über 60 Jahre alt war, regenerierte sie sich von dem Eingriff erstaunlich schnell und war nach vier Tagen wieder zu Hause. Kaum jemand merkte ihr an, welche Operation sie hinter sich hatte. Die homöopathische Be-

handlung und meine Unterstützung nahm sie weiterhin in Anspruch. Die Vorschläge ihres Facharztes, mit Chemo- und Strahlentherapie weiterzumachen, lehnte sie ab. Sie vertraute voll ihrem Gedankenmodell: »Ich bemitleide mich nicht, ich trauere nicht Vergangenem nach, der Krebs zerstört mein Leben nicht, und ich konzentriere mich auf die Freuden des Lebens.« Seither geht es ihr sehr gut, ihre Blutwerte sind wunderbar, und ihr Arzt nennt sie mittlerweile seine »Vorzeigepatientin«. Sie vertraute ihrer Intuition, und damit begann ihr Weg, Wissenschaftlerin in eigener Sache zu sein, die Auswirkungen ihres Denkens und Handelns zu erfahren und selbstbestimmt nach ihrem Weltbild zu entscheiden.

Übung: Ihr persönlicher Abenteuerspielplatz

Wissenschaftler sind Abenteurer. Abenteurer, die das Leben erforschen und dabei studieren, welche Auswirkungen ihr Denken auf ihr Erleben und ihre Forschungsfelder hat. Statt im Labor zu wirken, richten Sie sich in Gedanken einen Abenteuerspielplatz ein. Dort gibt es alles, was Sie brauchen, um das Abenteuer Ihres Lebens gut zu meistern. Machen Sie sich zuerst mit den verschiedenen Einrichtungen vertraut. Zur Grundausstattung gehört ein Kletterturm mit Fernrohr, den Sie nutzen, um verschiedene Perspektiven auszuprobieren. Wenn Sie auf der Schaukel sitzen, erfahren Sie, welche anderen Lösungen für Ihr Problem noch vorhanden sind. Beim Balancieren über einen Baumstamm holen Sie sich die Sicherheit, um die aktuellen Abenteuer Ihres Lebens zu meistern. Ein großer Sandkasten symbolisiert die Fülle an Wissen, die im Universum vorhanden ist. Jedes Sandkorn ist eine Informationsquelle, die Sie beim Spiel mit dem Sand nutzen können.

Das hier sind Anregungen für die Basisausstattung, die Sie um weitere Stationen ergänzen können. Machen Sie in aller Ruhe einen Rundgang, verweilen Sie bei jeder Station, und probieren Sie ihre Qualitäten aus. Richten Sie sich Ihren eigenen Abenteuerspielplatz so ein, dass Sie sich dort richtig wohlfühlen. Er wird im Laufe des Buches immer wieder zum Einsatz kommen.

Wie lebendig ist Ihr freier Wille?

Wer steuert mein Leben? Was ist bewusste Lebensgestaltung? Diese beiden spannenden Fragen führen uns in die Tiefe unseres Daseins. Im Idealfall übernimmt Ihr freier Wille die bewusste Lebensgestaltung. Dazu ist es nötig, sich des eigenen freien Willens bewusst zu sein und ihn bewusst einzusetzen. Nur dann kann bewusste Lebensgestaltung stattfinden.

In der Realität ist es tatsächlich so, dass uns gewohnte Gedanken und die damit verbundenen Gewohnheiten steuern und unser Körper, als Gewohnheitstier, uns dabei unterstützt. Unser freier Wille ist zugedeckt von Glaubenssätzen, Weltbildern, Routinen und Unmöglichkeiten. In diesem Zustand kann unser Lebensfeuer nicht mehr richtig brennen, und die Leidenschaft, dem Leben wirklich zu begegnen, ist verschwindend klein.

Aber was ist der freie Wille überhaupt?

Unser freier Wille ist unser Bewusstsein. Es setzt sich aus zwei Aspekten zusammen, dem analytischen Verstand und unserem Vorstellungsvermögen. Unseren Verstand beschäftigen Fragen wie: »Was passiert hier gerade? Gefällt mir das? Wie wirkt es sich aus? Welche Alternativen gibt es?

Wie kann ich es besser lösen?« Mit unserem Vorstellungsvermögen können wir Veränderungsmöglichkeiten sowie
andere Wege zu denken, zu fühlen und zu handeln imaginieren. Unser freier Wille ist unsere Steuerungsinstanz und
auch der Visionär in uns. Unser Bewusstsein denkt, lenkt,
ist schöpferisch tätig und hat Freude daran, Lösungen zu
finden.

An einem regnerischen, kalten und wolkenverhangenen
Sommertag in der Hauptreisezeit stand ich in der Bergstation der Kanzelwand. Viele Menschen waren hinaufgefahren
und wussten nicht, was sie nun dort oben anfangen sollten.
Sie liefen ziellos hin und her oder standen unentschlossen
herum. Die wenigsten wollten hinaus in den Regen und
hofften auf besseres Wetter. Die Kinder wurden unruhig
und die Eltern genervt. »Erst mal ins Bergrestaurant gehen,
vielleicht hellt sich das Wetter auf«, war die Devise. Bei den
meisten Besuchern war augenscheinlich nicht der freie Wille aktiv, sondern das Gewohnheitstier. Man tat, was man
in solchen Situationen gewöhnlich machte, abwarten und
hoffen, dass die Entscheidung vom Himmel fällt – ein Bild
der Unentschlossenheit und des mangelnden Vertrauens,
mit der Situation umzugehen. Es fehlte Entschlussfreude,
Klarheit und Fantasie.

Je länger ich die Menschen beobachtete, desto unwirtlicher kam mir das Wetter vor, und meine Motivation zu wandern sank. Jetzt kam mein freier Wille zum Einsatz. Ich fasste die Tatsachen zusammen: Ich war auf den Berg gefahren, um eine Wanderung zu machen, und trug entsprechende Kleidung. Es gab keine Warnungen, und die Wege waren gut begehbar. Der Regen war nicht besonders toll, aber kein Hindernis. Auch die Visionärin in mir fühlte sich gut mit der Vorstellung, die Wanderung zu machen. Also entschied ich kraft meines freien Willens, mich von den Gewohnheitstieren nicht anstecken zu lassen, sondern loszugehen.

Draußen im Freien war das Wetter viel angenehmer als beim Blick durch die Fenster der Bergstation, und mit jedem Schritt genoss ich immer mehr die Bewegung an der frischen Luft und die menschenleeren Wanderwege.

Ein aktiver und lebendiger freier Wille trifft aus der Situation heraus eine Entscheidung, anstatt Gewohnheiten abzunicken. Dazu nützt er seine Analyse- und Imaginationsfähigkeiten. Das Gewohnheitstier in uns hat seine Berechtigung. Es hilft uns, routiniert durch den Alltag zu gehen. Dennoch sollten wir uns bewusst sein, dass jede Routine ein bewusstes Ja unseres freien Willens beinhaltet, diese Gewohnheit zu wiederholen, sonst fühlen wir uns im Hamsterrad der Gewohnheiten gefangen.

Legen Sie doch das Buch für einen Moment zur Seite, und spüren Sie hin, wie frei, bewusst und lebendig Ihr freier Wille ist!

Vom Gewohnheitsdenker zum Leittier

Über das Gehirn sendet Ihr freier Wille Botschaften an Ihren Körper. Ihr Körper reagiert auf jeden Ihrer Gedanken. Sie sehen einen Apfel am Boden liegen und möchten ihn greifen. Sie sagen nicht, ich will mich bücken. Nein, Sie denken bloß daran, dass Sie den Apfel haben wollen und schon setzt sich Ihr Körper in Bewegung. Dieser geistige Impuls wird von Ihrem Körper in die jeweilige Bewegung transformiert. Es fließen offensichtlich Informationen, die das Gehirn in entsprechende Impulse wandelt. Durch diese Impulse setzt Ihr Körper eine ganze Menge in Bewegung. Er betätigt diverse Muskeln, Sehnen und leitet biochemische Prozesse ein.

Unser freier Wille ist durch seine Imaginationsfähigkeiten äußerst wendig und flexibel. Hundert andere Wege und Möglichkeiten sind für ihn vorstellbar. Deshalb hat uns die

Natur auch bis ins hohe Alter mit einem flexiblen Gehirn ausgestattet. Doch das Gehirn wird nicht von allein flexibel, dazu braucht es Training und das Gefühl der eigenen Stärke.

Stärke, in der Huna-Lehre »Mana« genannt, bedeutet »machen können«, eine Anstrengung unternehmen, um etwas zustande zu bringen und die Energie auf ein Ziel auszurichten. Jeder Mensch hat zu jedem Zeitpunkt seines Lebens diese Stärke zu handeln. Wenn wir uns kraftlos fühlen oder etwas für nicht machbar halten, dann ist uns diese Stärke nicht abhandengekommen. Sie ist lediglich zugedeckt, eingesperrt und unterdrückt von einschränkendem Denken und daraus resultierenden Gewohnheiten, die unsere Energie binden. Mit kreativem Denken und dem bewussten Nutzen unseres freien Willens setzen wir sie frei.

Oft wollen wir das, was für uns nicht vorstellbar ist. Wir bewundern andere dafür, was sie bewältigen, und tun das in der Haltung, dass wir selbst nicht die Kraft dazu haben. Wir gehen davon aus, dass wir erst dann, wenn wir wieder Kraft haben, tatsächlich etwas ändern können. Das ist ein typisches Zeichen dafür, dass wir auf morastigen Wegen gefangen sind und uns nicht vorstellen können, von allein hinauszukommen. Wir versuchen dann, etwas zu verändern, stellen vielleicht fest, es geht nicht und fühlen uns schwächer als zuvor.

Gehen wir noch mal zu unserem Einstiegsbeispiel von Jutta zurück. Jutta möchte ihr Zuhause entrümpeln und neu gestalten. Gleichzeitig fühlt sie sich müde und antriebslos und kann sich nicht vorstellen, dass sie das ändern kann. In dieser geschwächten Haltung will sie ihre Pläne umsetzen. Mit jedem Tag, der untätig verstreicht, fühlt sie sich noch schwächer. Sachlich betrachtet, ist das Scheitern vorprogrammiert. Ihre Denkgewohnheiten, dass sie der Alltag schlaucht und alle Energie bindet, sind so stark, dass sie ihre Stärke nicht mehr wahrnehmen kann. Sie macht den fünften Schritt vor dem ersten. In einer solchen Situation ist es viel besser, damit zu beginnen, sich der eigenen Kraft wieder bewusst zu werden, um den freien Willen dadurch zu stärken. Dazu sind die folgenden Schritte notwendig. Sie sind die Basis dafür, unsere Kraft wieder zu spüren.

1. Schritt: Gestaltungskraft wahrnehmen

Schließen Sie die Augen, und gehen Sie in Gedanken noch einmal zurück ins Bett. Hören Sie den Wecker klingeln, und machen Sie sich dann bewusst, was Sie heute schon alles erledigt haben. Jede Routinehandlung wie Aufstehen, die Schlafzimmertür öffnen, Zähneputzen oder den Briefkasten leeren steht für den Einsatz Ihrer Kraft und Stärke. Wenn Sie Ihre Kraft nicht genutzt hätten, lägen Sie immer noch im Bett. Niemand außer Ihnen selbst hat Sie aus dem Bett geholt. Wir vergessen häufig all die Tausenden scheinbar kleinen Alltagshandlungen, doch in ihrer Summe sind sie der Ausdruck unserer Kraft. Staunen Sie, über wie viel Kraft Sie verfügen, der Sie bisher einfach keine Bedeutung beigemessen haben.

2. Schritt: Vertrauen aufbauen

Schließen Sie nochmals die Augen, und machen Sie sich bewusst, was Sie alles voller Vertrauen in Ihre Fähigkeiten tun. Ich bin sicher, Sie überlegen nicht, ob Sie telefonieren, die Waschmaschine einschalten oder Ihren Namen schreiben können. Das sind nur einige von Hunderten anderer Tätigkeiten, die Sie mit blindem Vertrauen in sich selbst durchführen. Welches Gefühl gibt es Ihnen, sich dieses Vertrauen bewusst zu machen?

3. Schritt: Veränderung mental einleiten

Visualisieren Sie mit geschlossenen Augen ein großes Juwel, das mitten im unzugänglichen Dschungel liegt. Dieses Juwel möchten Sie gerne haben, weil es Ihnen die volle Wahrnehmung Ihrer Stärke und Kraft wiedergibt. Nutzen Sie die kreative Seite Ihres freien Willens, und überlegen Sie sich nach dem Motto »Alles ist möglich« ungewöhnliche Wege, um in den Besitz dieses Juwels zu kommen. Wählen Sie eine Alternative aus, und halten Sie gedanklich das Juwel in Ihren Händen. Freuen Sie sich darüber. Diese Übung öffnet Ihnen mentale Türen, damit Ideen dazu, wie Sie Ihre derzeitige Situation verändern können, auftauchen.

4. Schritt: Etwas zu Ende bringen

Bringen Sie etwas Einfaches zu Ende, und beweisen Sie sich damit, dass Sie in der Lage sind, ein Vorhaben umzusetzen. Gießen Sie eine Pflanze, trinken Sie ein Glas Wasser, oder machen Sie einen tiefen Atemzug. Das gibt Ihnen das Gefühl wieder, etwas bewältigen zu können. Es ist unerheblich, wenn das, was Sie tun, in Ihren Augen etwas Unbedeutendes ist, für Ihren Körper und das Gefühl Ihrer Stärke hat es Bedeutung.

5. Schritt: Den Körper richtig anweisen

Für unseren Körper ist jeder unserer Gedanken real, und er reagiert darauf. Wenn Sie denken, dass Sie müde, ausgelaugt sind, keinen Pep und keine Lust haben, dann setzt Ihr Körper alles in Bewegung, damit Sie sich kraftlos fühlen. Wenn Sie stattdessen denken: »Ich will jetzt, ich probiere, wie weit ich komme, ich mache mal einen kleinen Schritt, ich freue mich über jede Bewegung«, dann wird Ihr Körper dieser Ausrichtung folgen. So können Sie mit dem freien Willen aus lähmenden Zielen lebendige Ziele machen. Ein wichtiger Aspekt dabei ist, dass Sie sich über jeden kleinen Schritt riesig freuen, stolz auf sich sind und ihn feiern, als hätten Sie den Mount Everest erklommen.

Wir Menschen besitzen enorme geistige Fähigkeiten, die wir nur eingeschränkt nutzen, weil wir uns dieser Fähigkeit gar nicht bewusst sind oder uns nicht vorstellen können, dass wir sie haben. Unser freier Wille ist in seiner Grundnatur unbegrenzt und ermöglicht uns, neue Facetten des Lebens zu entdecken und aus dem Wunder des Lebens zu schöpfen. Das geschickte Nutzen unserer Bewusstseinskräfte ist der Schlüssel, wenn es darum geht, neue Projekte in Gang zu bringen.

Mit kreativem Denken

eine neue Welt entdecken

»Du bist deine eigene Grenze, erhebe dich darüber.«
Schamsoddin Hafes

Sie haben beschlossenen, Wissenschaftler in eigener Sache zu sein, Ihr Denken unter die Lupe zu nehmen, Ihren freien Willen aktiver zu nutzen und sich einen Abenteuerspielplatz einzurichten. Dabei haben Sie erkannt, dass Wirklichkeit und Wahrheit von Ihren Blickwinkeln abhängen und dass es eine objektive Wahrheit nicht gibt. Die unsichtbare Welt des Denkens ist das Fundament von allem Sichtbaren. Ihre Art zu denken bestimmt darüber, was Sie erleben und als Realität wahrnehmen. Für das Denken ist Ihr freier Wille zuständig, und er ist äußerst flexibel, wenn es darum geht, auf eine gute Weise zu wachsen. Jetzt ist der Zeitpunkt gekommen, ihn voll zum Einsatz zu bringen.

Ihr Denken ist der Schlüssel und die Basis von allem. Zuerst ist der Gedanke da, er zieht emotionale und körperliche Reaktionen nach sich und löst weitere Gedanken sowie konkretes Verhalten und Handeln aus. Mit dieser Erkenntnis im Hintergrund erkennen Sie, dass es viel effektiver ist, Ihr Denken zu ändern, statt Ihr Verhalten oder Ihre Emotionen.

Es ist gar nicht so schwer, ein neues Weltbild zu entwickeln, weil Sie dazu Ihr bisheriges Weltbild nicht aufgeben müssen. Das entweder/oder passt nicht mehr zu Ihrer Neuausrichtung. Verwenden Sie stattdessen »sowohl als auch«, kombinieren Sie alles miteinander, und gehen Sie damit einen sehr viel flexibleren Weg. Diesen Weg zeige ich Ihnen jetzt!

Ihr Arbeitsmodell: Die 7 Prinzipien des Huna

Modelle sind äußerst hilfreich, wenn wir Probleme gezielt angehen wollen, denn sie sind der berühmte rote Faden, mit dessen Hilfe wir weiter experimentieren und praktizieren können. Ein bewährtes Modell sind die 7 Prinzipien.[*] Sie umfassen wesentliche Erkenntnisse aus dem Huna über

---

[*] Mehr über die 7 Prinzipien des Huna finden Sie in meinem Buch »Harmonie in 3 Minuten«, erschienen im Schirner Verlag, 2016.

die Gesetze des Lebens. Ich habe diese Gesetze in Bezug auf unsere Art zu denken beleuchtet. Verwenden Sie diese Zusammenstellung, um Angelegenheiten jeder Art zu reflektieren und Ihr Denken neu auszurichten. Sie trainieren damit Ihre geistige Beweglichkeit.

Prinzip	Selbstreflektion Ihres Denkens
Bewusstheit	Welche Gedanken nehme ich wahr, wenn ich an ein bestimmtes Thema denke?
Freiheit	Wie viel Freiheit und Handlungsspielraum geben mir mein Denken, meine Einstellung, meine Haltung?
Fokus	Worauf konzentriert sich mein Denken in dieser Sache, und was verstärkt es damit?
Präsenz	Wie sehr wird mein Denken von meinen vergangenen Erlebnissen und Erinnerungen bestimmt?
Liebe	Wie viel Liebe, Humor, Heiterkeit und Optimismus stecken in meiner Art zu denken?

Macht	Wie viel Macht, Einfluss auf die Situation zu nehmen, gibt mir mein Denken?
Harmonie	Welche Möglichkeiten gibt es, die Harmonie zu mir, zu anderen oder zu einer Angelegenheit zu erhöhen?

Während ich an diesem Buch schrieb, wurde mein Bruder wegen Herzproblemen ins Krankenhaus eingeliefert. Er war vor zwei Monaten zum zweiten Mal Papa geworden. Als ich den ersten Schrecken verdaut hatte, setzte ich mich in Ruhe hin und beobachtete die Flut an Gedanken, die mir durch den Kopf schossen. Mein Kopfkino spielte immer wieder den Film ab, was sich möglicherweise Schlimmes daraus entwickeln könnte. Dieser Film wurde gespeist von den Erinnerungen an die beiden Schlaganfälle meines Vaters, die ihn zu einem Pflegefall gemacht hatten. Mein Fokus nährte Angst, legte mich lahm und würde mich auf Dauer krank machen. Ich brauchte ein neues Gedankenmodell, in dem nährende Gedanken die Freiheit hatten, sich zu entfalten. Mein Denken war von der Vergangenheit bestimmt und weder für mich noch für meinen Bruder und seine Familie förderlich. Ich brauchte eine andere, eine bessere Einstellung, ein anderes Gedankenmodell.

Ideen und Ansätze für ein neues Gedankenmodell

Die 7 Prinzipien dienten mir dazu, Einstellungen zu entwickeln, die ein anderes, ein besseres Gedankenmodell zur Folge hatten. Ich habe Ihnen meine Ideen als Anregung zusammengestellt.

Prinzip	Idee
Bewusstheit	Jede Situation, jeder Zustand ist temporär. Alles verändert sich permanent.
Freiheit	Als Beteiligter oder Beobachter bin ich Teil des Geschehens und beeinflusse den Prozess. Veränderungen, die ich in mir vornehme, wirken sich auf mich und mein Umfeld aus.
Fokus	Ein Wechsel der Perspektive zeigt ein anderes Bild der Situation, eine andere Wahrheit. Etwas ist gleichzeitig gut und schlecht. Mein Fokus entscheidet, in welche Richtung der Prozess geht.

Präsenz	Es gibt viel mehr Lösungen, als ich mir vorstellen kann. Ich kann mir jetzt vorstellen, was das Beste wäre, was mir passieren könnte.
Liebe	Welche liebevollen, Spannung lösenden oder humorvollen Gedanken kann ich aktivieren? Welche nährenden Kräfte oder Potenziale birgt die derzeitige Situation?
Macht	Gedanken sind starke Kräfte und lösen Emotionen in mir und anderen aus. Über meine Gedanken kommuniziere ich mit mir und anderen. Ich habe die Kraft, meinen Gedanken eine bessere Ausrichtung zu geben.
Harmonie	Mit der Kraft des Bewusstseins bestimme ich die Richtung meiner Gedanken und damit, ob harmonische Emotionen, Körperreaktionen und Handlungen daraus entstehen.

Der Zustand meines Bruders war temporär. Als Beobachterin seines Krankheitsprozesses beeinflusste ich den Prozess mit. Mit meiner bewussten Ausrichtung konnte ich seinen Fokus auf Gesundheit unterstützen. Seine Situation beinhaltete ein Feld an Möglichkeiten, aus dem ein besserer Zustand hervorgehen konnte. Mein Perspektivenwechsel erlaubte mir, die positiven Chancen zu sehen. Wir kommunizieren ständig über unsere Gedanken miteinander. Ich entschied mich jetzt, auf nährende Weise an ihn zu denken.

Das sah in der Praxis so aus: »Mein Bruder besitzt seit jeher das Talent, das Beste aus allem zu machen.« Ich erinnerte mich wieder, wie schnell er nach seinem Motorradunfall auf die Beine gekommen war, wie beharrlich und kreativ er etwas repariert und nicht locker lässt, bis es einwandfrei funktioniert. Dieses Gedankenmodell begleitete mich durch die nächsten Tage und half mir dabei, konzentriert zu arbeiten. Ich spürte wieder seine Stärke und seine Unbekümmertheit. Mit meinem Fokus, der auf die Heilungschancen ausgerichtet war, bot ich ihm eine mentale Unterstützung, seine Stärken einzusetzen. Mit dieser neuen Ausrichtung erzeugte ich viel mehr Harmonie und das auf eine ehrliche und unverkrampfte Weise.

Suchen Sie sich ein Thema aus, und verwenden Sie die Anregungen, um daraus ein besseres Gedankenmodell zu entwickeln. Die Wirkung spüren Sie sofort an der Reaktion Ihres Körpers und in Ihrem Gefühlshaushalt.

Schenken Sie sich ein flexibles Weltbild

Gedankenmodelle, auch »Gedankenformen« genannt, sind Denkmuster. Sie stellen unsichtbare energetische Konstrukte mit hoher Wirkungskraft und Einfluss dar. Jeder Mensch verfügt über unzählige Denkmuster. Alle Denkmuster zusammen ergeben unser Weltbild. Die ganze Welt ist ein Netz von Denkmustern, mit denen wir uns verbinden können. Muster haben den Zweck, Lebensereignisse sofort einordnen zu können und auf eine schon einmal erprobte Weise darauf zu reagieren. Das erleichtert uns das Leben, macht uns aber gleichzeitig blind für die kleinen Veränderungen, weil wir in der Mustererkennung so versiert sind. Das ist vor allem dann ungünstig, wenn wir uns einen anderen Zustand wünschen.

Sie wünschen sich, dass Ihre Kopfschmerzen vorbeigehen: Wann immer Sie den Kopf bewegen, nehmen Sie wahr, dass sie nach wie vor vorhanden sind, und reagieren mit Frust und Ungeduld. Wenn Sie ein anderes Muster ausprobieren, können Sie den Veränderungen Aufmerksamkeit schenken. Stellen Sie z. B. fest: »Oh, ich kann ein winziges bisschen den Kopf drehen, ohne dass der Schmerz stärker wird.« Ihre Reaktion wäre dann Erleichterung. Das alte Muster kann nicht aktiv werden, und Ihre Selbstheilungskräfte haben größere Chancen zu wirken. So kann aus dem starren Kopfschmerz eine bewegliche und beeinflussbare Erscheinung werden.

Gedankenmuster, die Ihnen helfen, auf eine harmonische Weise mit Ereignissen und Menschen umzugehen, gehören in die Kategorie »bewährte Muster«: Diese wollen Sie beibehalten. Muster, die irgendwann einmal in Ordnung waren, und Muster, die Sie aus einer Notlage heraus entwickelt haben und die Sie nicht in der richtigen Weise unterstützen, diese Muster gilt es zu erkennen und durch bessere zu ersetzen.

Unser Weltbild ist die Summe all unserer Gedankenmodelle und die Basis für unsere Wahrnehmung. Ein starres Weltbild bietet nicht viel Spielraum, Ihre Art zu denken zu ändern. Ein flexibles Weltbild dagegen erlaubt Ihnen, in einer Welt zu leben, in der Sie tagtäglich neue Dinge entdecken und erfahren können. Sie können neue Möglichkeiten ausprobieren, experimentieren und Ihre geistige Beweglichkeit schulen. Das macht Ihr Leben spannend, und Ihr Lebensfeuer bekommt ganz automatisch ständig neue Nahrung.

Schauen Sie sich nun, mit Ihrem flexiblen Weltbild im Hintergrund, die folgende Übersicht an. Sie erkennen, dass sich eine Situation je nach Sichtweise völlig anders darstellt und wie schnell Sie mit einem anderen Weltbild positiv denken können. Sie erlauben sich damit, aus einer sprudelnden Quelle an Möglichkeiten zu schöpfen.

Starres Weltbild	Flexibles Weltbild
Gewohnheiten kann man nicht ablegen.	Gewohnheiten sind nur eine Auswahl aus einer Vielzahl an Möglichkeiten.
Gewohnheiten ändern fällt schwer.	Gewohnheiten sind flexibel und reagieren auf meine Ausrichtung.
Das ist anerzogen.	Alles ist veränderbar und trägt neue Lösungen in sich.
Was ich denke, betrifft nur mich.	Ich bin mit allem verbunden, besonders mit den Menschen, die ich intensiv kenne.
Ich war schon immer so.	Ich kann mich mit jedem neuen Atemzug wandeln.
Ich ahne nichts Gutes.	Wenn sich alles sofort und tief greifend ändern kann, dann kann auch ich meine Erwartungen ändern. Im derzeitigen Moment ist alles möglich.

Sorgen blockieren mich und rauben mir Energie.	Jeder Wechsel der Perspektive bringt meine Energie wieder ins Fließen.
Mein Körper ist müde.	Mit meinem Bewusstsein kann ich meinen Körper anleiten, sich zu bewegen.
Ich vermisse meine Familie.	Ich bin immer mit meiner Familie verbunden.
Hoffentlich falle ich nicht wieder in mein altes Verhalten zurück.	Was war, ist vorbei. Ich habe einen neuen Fokus.
Ob der Aufwärtstrend wohl anhält?	Ich konzentriere mich auf jede positive Veränderung und sehe sie als Signal dafür an, dass noch mehr möglich ist.

Kennen Sie Ihre Regelwerke?

Bestimmte Menschen, Gegenstände oder Situationen lösen im Allgemeinen eine Flut an dazugehörigen Gedankengängen aus. Wir erkennen blitzschnell, um was es geht und aktivieren einen umfangreichen Aktivitätsplan. Es ist, als würden Sie einen Dominostein umwerfen, der dann sofort eine Kettenreaktion auslöst. Solche Gedankenregeln können uns regelrecht ausknocken oder zu vorschnellen Einschätzungen führen, weil schon ganz wenige Anhaltspunkte reichen, um zu einem Urteil zu gelangen. Deshalb heißt es, wach zu sein und solche Regelwerke zu entdecken, die ungünstige Folgen für uns haben. Andererseits kann so ein Regelwerk auch positiv verwendet werden. Die Großmeister im Schach arbeiten damit, um in der Lage zu sein, sehr schnell Entscheidungen zu treffen.

Seit Erscheinen meines ersten Buches »Harmonie in 3 Minuten« im Januar 2016 ist mein Leben nicht mehr dasselbe. Neue Aktivitäten machten Änderungen in meinem Alltag erforderlich. An hektischen Tagen tauchte immer wieder eine Denkregel auf, die mit Erinnerungen an eine Lebensphase verbunden war, in der ich mir zu viel zugemutet hatte. Das bloße Wissen, das heute viel zu tun war, aktivierte das gesamte dazugehörige Regelwerk von »Fang früh an, mach schnell« bis zu »Übernimm dich nicht«. Ich fühlte mich dann wie ferngesteuert. Ich war nicht mehr dieselbe Person wie damals. Mit dieser Entdeckung hatte ich einen richtig dicken Fisch entdeckt, der mir nicht mehr schmeckte. Diesen Fisch gab ich wieder ins Meer zurück. Wie, das sehen Sie hier:

› Werden Sie sich bewusst, dass Sie eine andere Person sind als zum Zeitpunkt der Entstehung der Regel. Fassen Sie den Beschluss, dieses Regelwerk abzuwählen.
› Formulieren Sie eine neue Regel: Ich wählte die Regel, dass ich in der Lage war, mir alle Energiequellen, die ich für mein Tun brauchte, zu erschließen und dass ich aus meinem Tun genügend Energie bekäme, um meine Aufgaben zu meistern. Anderes Denken – anderes Erleben! Tatsächlich sind jetzt schon viele Monate vergangen, und ich fühle mich energiegeladen, fit und voller Tatendrang.
› Sofort nachdem die neue Regel formuliert ist, spüren Sie hin, welche positiven Reaktionen sich in Körper und Emotionen dazu zeigen.
› Vergegenwärtigen Sie sich die neue Regel bei Bedarf immer wieder, bis sie automatisch funktioniert. Oft reicht es, einfach kurz daran zu denken und den Fokus

darauf zu richten: »Was will ich? Was ist mir nützlich, unterstützt mich, schenkt mir ein besseres (Er-)Leben.« Das kann nur die neue Regel sein.

Meine neue Regel ist mittlerweile fest etabliert und zu einem schönen Regelwerk geworden, das Gedanken wie »Alles, was du tust, schenkt dir Energie«, »Gib Gas, du hast viel mehr Energie als früher«, »Trau dir mehr zu« oder »Ich schaffe das locker« enthält. Ein äußeres Zeichen dafür, dass diese Regel funktioniert, ist, dass ich mehr arbeite als früher, mehr Spaß dabei habe, mich selten ausgelaugt fühle und sicher nicht im Burn-out landen werde. Wenn alles miteinander verbunden ist, dann bin auch ich immer mit dem riesigen Energiefeld des Universums verbunden.

Bleiben Sie bei solchen Änderungen nicht in der Falle »richtig oder falsch« stecken. Seien Sie lieber flexibel und offen, und probieren Sie neue Regeln aus. Die Möglichkeit, die Sie wählen, ist nur eine von vielen Varianten und kann mühelos wieder ersetzt oder verändert werden. Messen Sie Ihren Erfolg an der Wirkung. Wenn eine Änderung die gewünschte Wirkung hat, Sie dahin bringt, wo Sie hinmöchten, ist sie richtig.

Übung: Wie flexibel sind Sie?

Sie haben sich selbst bisher nur von vorne betrachtet. Wie viele unterschiedliche Möglichkeiten fallen Ihnen ein, sich selbst aus einem anderen Blickwinkel wahrzunehmen? Lassen Sie sich überraschen!

Vorsicht, Ansteckungsgefahr!

Wir lassen uns von anderen Gedankenformen leicht anstecken. Während eines Urlaubs im Süden haben Sie Anteil an Gedankenformen wie »Dolce Vita« und »Laisser-faire«. Beim Gespräch mit einem Versicherungsvertreter wirken Gedankenformen wie »Angst« und »Absicherung«, die als Motivation für Abschlüsse dienen. Im Outlet-Center droht die Ansteckung von Gedankenformen wie »Schnäppchen«, »Modetrends«, »Markenimage«, und Sie kaufen mehr, als nötig ist.

Auch wenn wir bei anderen Menschen zu Besuch sind, nehmen wir deren Gedankenformen wahr, sie bestimmen die Atmosphäre im Haus wie »Ordnung und Sauberkeit« und die »Umgangsformen«. Meist stellen wir uns unbewusst auf die Gedankenformen, die uns umgeben, ein, passen uns an und übernehmen sie teilweise. Wissen ist Macht, wenn es aktiv genutzt wird. Mit diesem Wissen können Sie ab jetzt, wann immer Sie in einer anderen Umgebung sind, Ihre Lupe zur Hand nehmen und entdecken, welche Gedankenformen dort vorherrschen. Dann können Sie bewusst entscheiden, ob Sie sich anstecken lassen wollen oder nicht. Das Gleiche gilt für die **kollektiven Gedankenformen:** Diese spiegeln das Denken einer Gesellschaft, eines Landes, einer Gruppe, einer Firma, einer Zeitphase (Zeitgeist) oder auch einer Familie wieder. Sie legen die Grundsätze unseres Denkens fest und beeinflussen uns in hohem Maße. »Die Welt ist so, wie wir sie sehen« oder sollten wir eher sagen »… wie wir gelernt haben, sie zu sehen«? Dieser spannenden Frage werden wir jetzt nachgehen.

Eine Gedankenform ist kollektiv, wenn eine Vielzahl von Menschen diese Gedankenform integriert und aktiviert hat. Dann erscheint etwas einleuchtend, plausibel, schlüssig, ist nachvollziehbar, und wir kommen nicht auf die Idee, es infrage zu stellen. Kollektive Gedankenformen sind Sichtweisen, Kleiderordnungen, Lebensregeln sowie Denkweisen, die wir sehr früh im Leben erlernt haben und nach denen wir unser Leben ausrichten. Nur weil etwas nachvollziehbar ist, muss es nicht gut sein, es ist dann lediglich ein Zeichen dafür, dass es zu meinen derzeitigen Gedankenmodellen passt. Geld sparen, Schnäppchen machen oder jünger aussehen, das sind kollektive Gedankenformen, die für die Werbung benutzt werden. Manche dieser Gedankenformen halten uns klein und machen Veränderungen enorm schwer.

Jetzt lade ich Sie ein, unkonventionell zu werden. Unkonventionell sein, bedeutet, dass Sie sich leichter von gewohnten Denkmustern verabschieden können, indem Sie die starke Verbindung zu kollektiven Gedankenformen abschwächen, sie infrage stellen oder ganz kappen. Je eindeutiger Sie sich in Bezug auf Ihr Wandlungsthema vom Kollektiv lösen können, desto einfacher und besser gelingt Ihnen die eigene Wandlung. Sie können sich dann besser auf sich selbst, Ihr Denken und Ihre Einstellung konzentrieren. Dabei schotten Sie sich nicht ab, sondern gehen einen Weg, der mehr Toleranz im Denken zulässt.

Übung: Freiräume schaffen

Tauchen Sie ein in die Welt der Gedankenformen. Sie ist ganz selbstverständlich um Sie herum, Sie haben sie bisher vielleicht einfach noch nicht wahrgenommen. Mit Ihrer neuen Art zu denken ist sie Teil Ihrer Wahrnehmung. Schauen Sie sich die vielen kollektiven Gedankenformen an, die in Form von kleinen Briefkuverts um Sie herum sind. Bisher haben Sie diese Briefe einfach angenommen, ab jetzt können Sie sie wieder an den Absender zurückschicken. Damit dehnen, strecken und entrümpeln Sie Ihren geistigen Organismus und schaffen sich Freiräume im Kopf. Das gibt Ihrem Lebensfeuer neuen Raum zu brennen.

Übung: Neu justieren

Wir arbeiten noch einmal in der Welt der Gedankenformen und stärken Ihr flexibles Weltbild. Stellen Sie sich vor, dass viele weiße und rote Briefkuverts um Sie herumtanzen. Die weißen Kuverts gehen mit flexiblem Denken einher, während die roten mit starrem Denken zu tun haben. Die weißen Kuverts vergrößern Sie, während Sie die roten Briefkuverts verkleinern. Damit ziehen Sie mehr flexibel denkende Menschen an. Diese Übung können Sie auch für andere Themen verwenden.

Sprache und Selbstbild

Mit unserer Sprache drücken wir aus, welches Selbstbild wir leben. Unsere Worte sind lebendige Gedankenformen, die beeinflussen, wie uns andere wahrnehmen. Zu wachsen hat auch damit zu tun, unsere Sprache unter die Lupe zu nehmen. Was sage ich da gerade über mich und wie stelle ich mich dar? Sprache ist ein eigener Kosmos an Worten, Bildern, Melodien, Gesten und Betonungen. Wir ändern uns, wenn wir eine andere Sprache sprechen, weil wir damit Zugang zum kollektiven Bewusstsein eines Landes und dessen Traditionen haben.

Übung: Wortwechsel

Barack Obama hat die Aussage »Yes, we can!« zu seinem Markenzeichen gemacht. Stellen Sie sich eine Situation vor, in der Sie sich klein fühlen oder selbst kleinmachen. Welcher Satz aus Ihren bisherigen Gedankenmodellen steht dafür? Suchen Sie sich jetzt eine andere Aussage, gerne eine Aussage in einer anderen Sprache oder eine bekannte Aussage eines anderen Menschen, die Ihnen gefällt. Spüren Sie, wie Sie auf diese neue Aussage reagieren!

Übung: Aha-Effekt

Schenken Sie sich einmal das Vergnügen, einige Sätze über sich selbst oder ein Thema, das Sie gerade beschäftigt, laut zu sprechen und diese aufzunehmen. Sie werden staunen, was Sie tatsächlich mit Ihren Worten zum Ausdruck bringen.

Als ich vor einigen Jahren an einem Heilertreffen in Kanada teilnahm und Heilarbeit in englischer Sprache machte, hatte ich das Gefühl, ein anderer Mensch zu sein. Ich war direkter, kurz entschlossener und selbstbewusster. Allein der Wechsel der Sprache hat dazu geführt, deutsche Gedankenmodelle über mich ruhen zu lassen und mir amerikanische Modelle einzuverleiben. Damals geschah das unbewusst, doch heute nutze ich das ganz gezielt.

Fazit: Unsere Art zu denken formt unsere Welt. Je flexibler unser Weltbild, desto mehr Möglichkeiten, über uns hinauszuwachsen, zeigen sich. Unsere wahre Größe zu leben, geht mit einem Zuwachs an Leidenschaft und Lebensfreude einher und lädt andere Menschen ein, unserem Beispiel zu folgen. Fangen Sie an, ungünstige Regeln und Gedankenmodelle auszutauschen, und schenken Sie den positiven Auswirkungen Ihre Aufmerksamkeit. Auf diese Weise werden Sie den Durchbruch erreichen, und Ihr Lebensfeuer bekommt rote Backen und glüht vor Freude am Leben!

Wegweiser für Ihre Neuausrichtung

»Willst du wissen, wer du warst, so schau, wer du bist. Willst du wissen, wer du sein wirst, so schau, was du tust.« Buddha (Siddhartha Gautama)

Ich möchte diese Aussage ergänzen mit: »… und schau, was du denkst.« Wenn Sie jetzt Anzeichen von Verwirrung und einige Knoten im Kopf wahrnehmen, dann macht das gar nichts! Es ist sogar ein gutes Zeichen, weil Ihr bisheriges Weltbild zu bröckeln beginnt. Sie setzen sich mit neuen Ideen auseinander, beginnen, mental Unterlagen umzusortieren, neue Regale aufzustellen, Ordner neu zu beschriften und auszumisten. Ihr freier Wille ist in Aktion! Die Wegweiser in diesem Kapitel sollen Ihnen dabei helfen, Ihre Neuausrichtung voranzutreiben, Ihnen über die Anfangshürden hinweghelfen und Ihnen alles geben, was Sie brauchen, um selbstständig zu wachsen. Springen Sie hinein ins Meer der Möglichkeiten!

Dazu eine kurze Geschichte, die zeigt, dass eine mentale Neugeburt jederzeit möglich ist:

Als ich meinen 40. Geburtstag feierte, glaubte ich, alles im Leben erreicht zu haben. Ich spürte in mir die Panik zu altern. Jeden Morgen stand ich vor dem Spiegel und prüfte, ob ich mich über Nacht in eine alte Frau verwandelt hatte. Ich hatte schlicht und einfach Angst, das Leben, so wie es gerade war, zu verlieren. Ich sprach damals mit einer Kollegin, die ein Jahr älter war. Sie sagte: »Du entscheidest doch, wie du dich fühlst und was das Leben dir noch bringen kann. Deine derzeitige Einstellung schließt eine weitere Entwicklung aus.« Da hatte sie recht. Ich schenkte mir mental eine Neugeburt und damit neue Denkmuster zum Leben über vierzig. Es wurden die spannendsten und kreativsten Jahre meines Lebens.

Eine mentale Neugeburt ist ein Akt, mit dem wir uns Befreiung und Versöhnung schenken. Laden wir die Neugier auf das Neue in unser Leben ein. Das macht uns flexibler und dynamischer in unserem Tun. Langweilig und berechenbar war gestern, jetzt heißt die Devise, ein Leben mit Überraschungen, Lebendigkeit und Leidenschaft zu leben. Gebären wir uns neu!

Was gibt es Neues?

Der Hippocampus ist eine Art Sensor im Gehirn, der für das Unterscheiden von Informationen zuständig ist. Unbekannte, wichtige und interessante Informationen liebt er heiß und innig. Wenn eine Information in diese Kategorie passt, dann stellt er sofort neue neuronale Verbindungen her, damit diese Information gespeichert werden kann. Was Sinn macht und für viele Lebenssituationen nützlich ist, wird besonders geschätzt und in langfristige Speicherstrukturen überführt. Der Hippocampus ist sehr flexibel und lernt schnell. Diesen Vorteil machen wir uns zunutze.

Übung:

Entwickeln Sie ein Bild von einem Sensor, der in Ihrem Gehirn sitzt und sehr empfindlich auf Informationen reagiert. Er ist enorm leistungsfähig. Diesen Sensor stellen Sie jetzt darauf ein, Ihnen neue interessante Erkenntnisse zugänglich zu machen. Informationen, die Ihr Leben bereichern, Ihr Denken erweitern und Ihr Wissen über das Leben vertiefen. Wählen Sie etwas aus, über was Sie mehr erfahren möchten. Dann imaginieren Sie einen großen Stapel Blätter, die mit interessanten, neuen Informationen beschrieben sind. Jedes dieser Blätter soll Ihr Hippocampus wahrnehmen und zu leuchten beginnen. Während dieses Prozesses entwickeln Sie eine Vorfreude auf die Bereicherung und Abwechslung, sei es durch Menschen, Medien oder Ideen, die dadurch in Ihr Leben kommt.

Ich gehe davon aus, dass Sie auf den Geschmack gekommen sind und erkannt haben, wie nützlich es ist, Ihr Denken zu erweitern. Sie wissen, dass es dumm ist, immer dasselbe zu tun und dabei zu glauben, dass es zu anderen Ergebnissen führt. Sie haben große Lust, ein flexibles und starkes Weltbild zu leben, doch es gibt noch Denkmuster, die solch eine Änderung mit dem Einreißen von Mauern, Betonpfeilern oder dem Überwinden von Stacheldrahtzäunen verbindet. Es gibt einen einfachen Weg, sich selbst von den Neuerungen zu überzeugen und leidenschaftlicher zu leben!

Ritual: Fernsehen und Radio aus!

Wenn die Könige im alten Hawaii es sich mal so richtig gut gehen lassen wollten, dann setzten sie für einige Tage alle ihre Regeln und Gesetze außer Kraft. An diese Tradition wollen wir mit diesem Ritual anknüpfen, um die Freiheit hinter den Gewohnheiten zu spüren.

Legen Sie einfach fest, an welchem Tag Sie dieses Ritual ausprobieren wollen. Beobachten Sie an diesem Tag Ihre gewohnten Denkmuster nach dem Motto: »Macht dieser Gedanke weiterhin Sinn, wenn ich über mich hinauswachsen will?« Denken Sie nicht lange nach, sagen Sie einfach spontan zu einem Gedanken Ja oder Nein, und warten Sie auf den nächsten.

Für Denkgewohnheiten, die Sie ändern möchten und dafür eine kreative Lösung brauchen, gehen Sie einfach mental zu Ihrem Abenteuerspielplatz, setzen sich auf die Schaukel, balancieren übers Holz oder klettern auf den Turm.

Dieser Tag lädt Sie ein, eine neue Art des Denkens auszuprobieren, sich groß zu fühlen und sich jenseits aller Regeln zu erfahren. Sie erfahren die Kraft Ihres freien Willens, Ihre Gedanken zu steuern, um sich neuen Sichtweisen zu widmen. Jedes Stopp und jede Änderung hat sofort Auswirkungen darauf, wie kraftvoll Sie sich fühlen und agieren.

Sie entscheiden, was Sie aus diesem Tag mitnehmen wollen und im Alltag ausprobieren werden. Das Ritual können Sie, sooft Sie wollen, erneut verwenden, für eine Stunde, einen Tag oder eine Woche.

Wie lange dauert Veränderung?

Schnelle Veränderungen und Auflösungen sind möglich, wenn wir mit Lichtgeschwindigkeit arbeiten. Dadurch bleibt mehr Raum, uns mit neuen und lohnenden Ideen und Gedanken zu beschäftigen. Mich persönlich hat die Lichtgeschwindigkeit schon immer fasziniert. Das kleinste Teilchen des Lichts nennt man Photon. Und die Idee von Photonen oder Lichtfunken können wir nutzen, wenn es um Schnelligkeit und Auflösung geht. Das öffnet den Raum, um uns wieder auf die wichtigen Dinge zu konzentrieren und nach neuen, nährenden Gedanken Ausschau zu halten. Ich nutze die folgenden Übungen häufig, probieren Sie sie aus.

Übung: Lichtfunken 1

Beobachten Sie Ihre Gedanken. Entdecken Sie dabei welche, die Sie jetzt sofort entrümpeln wollen. Übergeben Sie diese Gedanken einem Lichtphoton in der Form eines Lichtfunkens, und schwuppdiwupp ist er im Universum verschwunden und löst sich dort auf.

Übung: Lichtfunken 2

Sie möchten mit jemandem sprechen, telefonieren, mailen, doch das ist gerade nicht möglich. Dann gibt es eine andere Möglichkeit. Geben Sie die Botschaft in einen Lichtfunken, nennen Sie die Zieladresse, und ruck, zuck ist Ihre Nachricht schon beim Empfänger gelandet.

Lassen Sie Ihre Ideen Wirklichkeit werden!

Wir Menschen bewegen uns gleichzeitig in zwei Welten, in der Welt der Ideen und in der Welt der sichtbaren Materie. Platon bezeichnete die unsichtbare Welt als die Welt der Gedanken, Ideen, Vorstellungen und Bilder. Diese Welt war für ihn wirklicher und wichtiger, weil sich aus diesen Ideen später Handlungen, Gegenstände und Erkenntnisse entwickeln. Für Platon waren Ideen lebendige Wesen, die über große Kräfte verfügten. Ihn faszinierten ihre Wandlungsfähigkeit und die unbegrenzten Möglichkeiten. Das Land der Ideen ist der Geburtsort unserer geistigen Babys, die wir dann in der sichtbaren Welt aufwachsen und gedeihen sehen. Ohne Ideen gibt es keine materielle, sichtbare Verwirklichung.

Im Huna hat die Welt der Ideen den gleichen Stellenwert wie die sichtbare Welt. Fantasie und Verstand sind zwei sich ergänzende Teile, die unsere Bewusstseinskräfte bilden. Beide sind nötig, um unser Leben zu gestalten. Ideen haben nichts mit Märchenstunde oder Tagträumerei zu tun, sie sind die Grundkräfte unseres Seins. Ideen und Vorstellungen, auch Imaginationen genannt, sind bewusst erzeugte Bilder und Gedanken. Sie wirken sich direkt auf den Körper und unser Handeln und Erleben aus. Unser Körper macht keinen Unterschied zwischen einem Erlebnis, das tatsächlich stattfindet und einer lebendigen Vorstellung davon. Beide Situationen sind für ihn real. Diese Tatsache können wir nutzen, um unseren Körper mental zu steuern. Stellen Sie sich vor, Sie würden jetzt mit offenen Augen direkt in einen großen Scheinwerfer blicken. Kaum gedacht, schon bemerken Sie, wie sich Ihre Augen schließen möchten.

Es sind unsere Ideen und unsere Lust auf das Neuartige, was unserem Lebensfeuer neue Impulse gibt und uns einen enormen Energiezuwachs beschert. Manchmal braucht es einen Schubs, um uns auf das Neuartige einzulassen. Wenn wir es tun, werden wir eine ganz neue Leidenschaft fürs Leben entdecken.

Übung: Bewegen Sie sich in der Welt der Ideen

Ideen sind lebendige, geistige Wesen, die eine große Wirkung auf uns haben. Denken Sie eine Minute darüber nach, was Sie mit dem Geld von Marc Zuckerberg machen würden. Beobachten Sie Ihre Gedanken, Emotionen und Körperreaktionen, und erkennen Sie, dass Geist Materie beeinflusst.

Übung: Die geistige Form wahrnehmen

Nehmen Sie einen Alltagsgegenstand zur Hand, das kann eine Wäscheklammer, ein Löffel oder ein Stift sein. Konzentrieren Sie sich darauf, jetzt die damit verbundene Welt der Ideen zu entdecken. Welche Gedanken und Wünsche haben dazu geführt, dass dieser Gegenstand entstanden ist? Auch Schönheit ist zuerst eine geistige Idee, die unseren Blickwinkel darauf hin ausrichtet. Welche Formen der Schönheit entdecken Sie in diesem Gegenstand?

Spüren Sie hin, welche positiven Reaktionen sich am Ende dieser Übung einstellen.

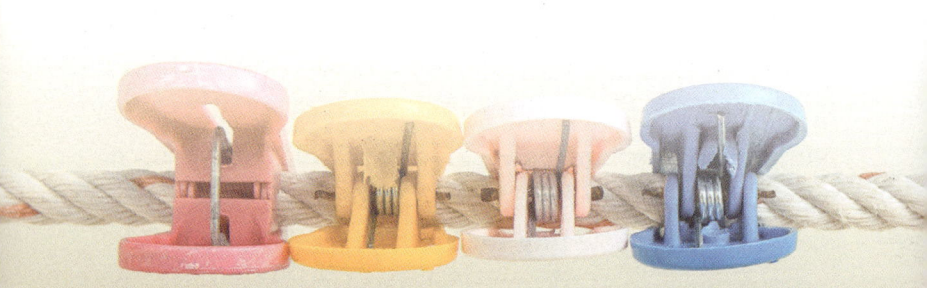

Kraftvoll träumen

Träumen ist in unserem kollektiven Gedankenfeld im Allgemeinen nicht gut angesehen. »Traumtänzer«, »Jemand ist ein Träumer«, »sich aus der Realität träumen« – unsere Sprache führt uns vor Augen, was wir übers Träumen denken. Doch gerade im Schlaf sind wir besonders intensiv mit der Weisheit des Universums verbunden, können Fragen stellen, unser Selbst ergründen und uns weiterentwickeln. Wir verbringen 6–8 Stunden in dieser Welt, da wäre es doch wirklich ungeschickt, diese Zeit nur zur Ruhe und Regeneration zu verwenden, statt sie umfassender zu nutzen.

Durch das Träumen können wir in tausend lebendigen Welten leben, statt in einem winzigen Zimmer. Wir tauchen täglich in verschiedene Welten ein, wir lachen, fiebern und leiden mit Romanfiguren, Fußballspielern und Filmhelden, wir träumen. Diese Träume beeinflussen uns mehr als wir denken. Eltern mahnen ein Kind, nicht zu träumen, wenn es Schulaufgaben machen soll. Wir halten Träumen für »gefährlich«, sehen es als Realitätsflucht und bezeichnen unsere nächtlichen Träume als wirr, seltsam oder beängstigend.

Woher wissen wir denn, wo die Wirklichkeit endet und der Traum beginnt? Nur weil wir beim Träumen einen anderen Bewusstseinszustand haben, heißt das nicht, dass wir nicht bewusst sind. Wir sind es auf eine andere Art und können unsere Träume nach unseren Wünschen programmieren. Wir reisen so in ferne Länder, zu Menschen, von denen wir lernen wollen, ans Ende unseres Universums oder zu einer Vorlesung über Physik. Wenn alles gleichzeitig ist, können wir beim Schlafen auch gleichzeitig an zwei Orten sein. Was uns daran hindert, das auszuprobieren, ist nur unsere Art zu denken.

Spitzensportler nutzen bewusst eingesetzte Tagträume, um Bewegungsabläufe zu perfektionieren oder den Siegeslauf zu gestalten, Pianisten und Balletttänzer arbeiten ebenfalls damit. Schamanische Heiler verwenden die Traumarbeit für Heilrituale und vertreten die Meinung, das Leben sei ein Traum. Ein Traum, weil wir alle das Leben durch unsere Brille betrachten und weil Träumen schon dann beginnt, wenn Ideen durch unseren Kopf hüpfen. Sie sehen: Träumen hat viele positive Aspekte. Diese können wir uns zunutze machen. Warum nicht auch im Schlaf?

Übung: Neues Einschlafritual

Stellen Sie vor dem Einschlafen eine Frage, äußern Sie einen Wunsch, treffen Sie Ihren Schutzengel oder eine interessante Person, während Sie schlafen. Alles ist möglich, probieren Sie es aus, und haben Sie vor allem Spaß daran! Egal, ob Sie sich am nächsten Tag an etwas erinnern oder nicht, Ihr Unterbewusstsein hat diese »Traumarbeit« gespeichert, und irgendwann drücken Sie unbewusst einen Knopf und die Informationen fließen.

Übung: Ich war noch niemals in New York

Wir können uns durch das Träumen mit Plätzen und Orten verbinden. Angenommen, Sie wären jetzt gerne in New York oder an einem anderen Platz auf dieser Erde, dann schenken Sie sich doch jetzt eine kleine Lichtreise zu Ihrem Lieblingsort. Statt ein teueres Flugticket zu bezahlen, nutzen Sie eine Lichtwelle und reisen kostenlos dorthin. Wenn alles mit allem verbunden ist, dann braucht es nur den Gedanken, und schon haben Sie sich New York ins Büro geholt. Die Welle als Ausdruck Ihres Gedankens stellt die Verbindung her, und schon können Sie die Freiheitsstatue sehen, hören das Hupen der Autos, haben den Geschmack von Donuts auf Ihrer Zunge und spüren das Pulsieren dieser Stadt in Ihrem Körper. Sie treten den Rückflug an, wenn Sie dafür bereit sind.

Nichtwissen kann so spannend sein

Je mehr persönliches und emotionales Engagement wir in eine Überzeugung gesteckt haben, desto weniger sind wir bereit, diese – selbst unter eindeutigen Beweisen – aufzugeben. Man nennt das kognitive Dissonanz. Wir fühlen uns unwohl, wenn etwas mit unseren wesentlichen Sichtweisen nicht übereinstimmt. Dieses Unwohlsein wird umso stärker, je mehr Erkenntnisse gegen unsere Sichtweise sprechen. Wir versuchen dann, die Fakten so umzuinterpretieren, dass sie zu unseren Überzeugungen passen. Wenn uns eine Überzeugung am Herzen liegt, dann verteidigen wir sie oft bis zur Selbstaufgabe und glauben, damit den Konflikt zu lösen. Doch dauerhaft mit ungelösten Widersprüchen zu leben, macht uns krank, denn sie setzen uns unter Entscheidungsdruck. Wir können stattdessen einfach beide Sichtweisen stehen lassen.

Wenn wir realistisch denken, dann denken wir entsprechend unserem Weltbild. Realistisch zu denken, hat nichts mit Vernunft zu tun, sondern es ist einfach eine Bestätigung unseres Weltbildes. Diese Bestätigung suchen wir permanent. Wir sind so sehr von der Absolutheit unseres Denkens überzeugt, dass wir zu 100 Prozent glauben, was wir denken. Es wird Zeit, diese Starrheit zu lösen, Wachstum kann nicht im engen Kämmerlein stattfinden, Wachstum braucht Platz.

Übung: Sich selbst als Gesamtmuster wahrnehmen

Schließen Sie die Augen, und stellen Sie sich eine große Sammlung von Rezepten vor. Diese Rezepte sind sortiert, geordnet, sofort zugänglich und gehören Ihnen. Für alle bisher gemachten Erfahrungen gibt es ein Rezept, und alle Rezepte zusammen stellen Sie als Gesamtmuster dar. Im Laufe Ihres Lebens sind viele neue Rezepte dazugekommen, und manche Rezepte wurden aussortiert. Lassen Sie jetzt einen frischen Wind durch diese Rezeptsammlung blasen. Ein Wind, der ohne lange zu überlegen Rezepte aussortiert, die nicht mehr zu Ihrer neuen, flexiblen Art zu denken passt. Lassen Sie auch solche Rezepte davonfliegen, die Sie kleinhalten. Freuen Sie sich über jedes Rezept, das der Wind davonträgt und Sie freier in Ihrem Denken und Wahrnehmen werden lässt.

Übung: Harmonisch denken

Harmonisch zu denken, beginnt mit der Entscheidung, sich nicht ausschließlich für ein Weltbild entscheiden zu müssen. Wir können viele Weltbilder haben und sie je nach Nutzen verwenden. Verschiedenste Weltbilder über eine Sache schlummern sowieso schon in unserem Archiv. Das werden Sie jetzt sehen.

Denken Sie an einen Wald mit Laubbäumen. Nehmen Sie ihn aus verschiedenen Blickwinkeln wahr:

› Blickwinkel eines Ökohausplaners
› Blickwinkel eines Försters
› Blickwinkel eines Malers
› Blickwinkel eines Jägers
› Blickwinkel eines Botanikers
› Blickwinkel eines Wanderers

Vermutlich haben Sie erkannt, dass jede Person den Wald mit anderen Augen sieht, also ein anderes Weltbild darüber hat. Ist eines dieser Weltbilder falsch? Sicher nicht. Jeder nutzt das Weltbild, das seiner derzeitigen Ausrichtung entspricht. So entsteht eine Fülle an Facetten, einen Wald zu sehen. Zu entscheiden, wer die bessere Sichtweise hat, ist ein Kampf. Sichtweisen stehen zu lassen und davon begeistert zu sein, welche Vielfalt damit in unser Leben kommt, ist hingegen ein Schritt in Richtung Harmonie.

Übung: Der neutrale Raum der Heilung!

Wir glauben, unser Weltbild zu verändern, nehme uns ein Stück Sicherheit. Das Gegenteil ist der Fall, es stärkt unser Vertrauen ins Leben und gibt unserem freien Willen mehr Sicherheit und Gestaltungsspielraum. Was uns stärkt, macht uns größer! Gegensätze sind Teil der Realität, auch die Welt ist kein festes Gebilde. Zwischen Welle und Teilchen ist der neutrale Raum der Heilung. Diesen Raum gibt es in allen Gegensätzlichkeiten.

Nehmen Sie eine tatsächliche Situation, die unterschiedliche Sichtweisen in sich trägt. Das kann ein Konflikt in Ihnen oder mit anderen Menschen sein. Stellen Sie gedanklich die Sichtweisen gegenüber, und konzentrieren Sie sich dann auf den Raum dazwischen, den neutralen Raum der Heilung. Sie können nun diesen Raum betreten und eine Weile dort tief ein- und ausatmen. Nehmen Sie diese Kraft zu sich, und lassen Sie sie in sich wirken. Spüren Sie, welches Wohlgefühl entsteht.

Wenn wir etwas nicht verstehen, egal, ob Sachverhalte oder Menschen, dann trifft eine gewohnte Gedankenform auf eine unverständliche Gedankenform. Nichtwissen wird in unserer Kultur als Mangel angesehen. Wir geben preis, dass wir etwas nicht verstehen, oder zeigen eine Wissenslücke. Nichtwissen wird begleitet von dem Gefühl, nicht zu genügen, nicht klug genug oder gebildet genug zu sein. Wenn wir Wissenschaftler in eigener Sache sind, dann dürfen wir auch etwas nicht wissen und nicht verstehen, weil das genau die Situationen sind, die uns einladen zu forschen, unsere Neugier wecken und uns neue Erkenntnisse schenken. Allein der Wunsch, etwas zu erfahren, zieht wie ein Magnet Wissensfelder an. Nichtwissen ist eine Einladung, Ihren Abenteuerspielplatz zu besuchen, um neue Erkenntnisse zu gewinnen. Erkenntnisse, die Sie nicht in Büchern finden, aber in der Verbindung mit Ihrer Weisheit.

Erlauben Sie sich einen Zustand des Nichtwissens und Nichtverstehens, und erkennen Sie die darin wohnenden Möglichkeiten.

Die Macht der Neugier

Eine der Hauptantriebskräfte im Leben ist die Neugierde. Konfuzius hat gesagt: »Wer fragt, ist ein Narr für eine Minute, wer nicht fragt, ist ein Narr ein Leben lang.« Übernehmen Sie doch diese Einstellung gleich beim Lesen, und befreien Sie Ihre Neugierde aus ihrem Käfig. Ich lebe die Maxime: Ich frage alles, was mich interessiert, und traue meinem Gegenüber zu, dass er gut damit umgehen kann und selbst entscheidet, ob und wie er antworten will. »Wer nicht neugierig ist, erfährt nichts«, das wusste schon Goethe.

Das Leben ist ein Frage- und Antwortspiel. Jede Antwort auf eine Frage löst eine neue Frage aus. Und es sind die Fragen, nicht die Antworten, die unser Weltbild und unser Wachstum bestimmen. Fragen öffnen neue Räume und lassen uns unsere Lebendigkeit und Leidenschaft zu leben spüren. Aus diesem Grunde wird im Huna sehr viel Wert auf das Fragenstellen gelegt. Je mehr unterschiedliche Themen uns interessieren, egal, ob oberflächlich oder tief gehend, desto lebendiger ist unser Gehirn. Als ich mein Buch »Gene als Chance«[**] schrieb, habe ich mich viele Wochen

---

[**] Susanne Weikl: Gene als Chance. Wie wir unser genetisches Schicksal selbst bestimmen. Schirner Verlag 2017.

mit der Genetik beschäftigt und mir ein neues Wissensgebiet erschlossen. Viele neue Gehirnverbindungen sind dadurch entstanden, das ist die beste Prävention in Bezug auf Alzheimer.

Trauen Sie sich, Fragen zu stellen nach Lust und Laune. Rainer Maria Rilke formulierte es so schön: »Jetzt lebe die Fragen! Vielleicht wirst du allmählich, ohne es zu bemerken, eines fernen Tages, in die Antworten hineinwachsen.« Gönnen Sie sich dieses Wachsen!

Entdecken Sie Ihre Möglichkeiten

Möglichkeiten gibt es viele. Nichts muss so sein, wie es ist, nur weil es schon immer so war. Das Denken in Möglichkeiten öffnet Veränderungen, neuen Perspektiven und Überraschungen die Tür. Es macht flexibel, machtvoll und lässt gedankliche Alternativen entstehen. So wird dieses Gedankenmodell zu einem Sprungbrett in die Welt von »Alles ist möglich!« Das mag sich sehr theoretisch für Sie anhören. Hier kommt ein praktisches Beispiel:

Magdalena glaubt, dass Sie aufgrund ihrer familiären Disposition nach der Geburt ihres Kindes genauso wenig die Schwangerschaftspfunde verliert wie ihre Mama. Sie stillt ihr Baby, isst vernünftig und nimmt nicht ab. Sie sieht diese Angelegenheit als unveränderbares Schicksal an. Mit einem Denken in Möglichkeiten erkennt sie, dass ihr derzeitiger Zustand nur eine von vielen Varianten sowie beeinflussbar und temporär ist. Diese Sichtweise bildet die Basis dafür, dass Maßnahmen, ihr Gewicht zu reduzieren, greifen können. Egal, ob sie Sport macht, sich mit Frauen unterhält, die sehr schnell die Babypfunde verloren haben, oder mentale Traumarbeit macht, ihre Flexibilität im Denken entscheidet über die Resultate.

Holger hat einen Kollegen, der häufig dann krank ist, wenn ein Projekt in die entscheidende Phase geht. Das laufende Projekt erfordert gerade viel Zeit und Einsatz. Holger geht jeden Tag mit der Befürchtung zur Arbeit, dass sein Kollege ihn wieder im Stich lässt. Er erwartet die gleiche Reaktion. Mit unseren Gedanken üben wir Einfluss aus. Die Krankmeldung ist nur eine mögliche Variante, wie sein Kollege reagieren kann. Jederzeit ist eine andere Reaktion möglich. Diese Art zu denken ermöglicht Holger, Spannung abzubauen, und öffnet anderen Reaktionen seines Kollegen die Tür. »Es lebe die Veränderung« könnte sein neues Motto sein!

Übung: Der Körper als Feld der Möglichkeiten

Lösen Sie das starre Bild, das Sie über Ihren Körper haben, auf. Stellen Sie sich vor, Ihr Körper wäre ein blinkendes, schwingendes, farbenfrohes Feld, das sich ständig ändert. In jeder unserer Zellen finden durch den Stoffwechsel 10.000 Reparaturarbeiten pro Tag statt. Nehmen Sie Verbindung auf zu einer Körperstelle, die Ihnen Kummer macht. Mit diesem flexiblen Bild von Ihrem Körper nehmen Sie diese Körperstelle in ihrer ganzen Lebendigkeit und Wandlungsfähigkeit wahr. Mit konzentrierter Aufmerksamkeit stellen Sie sich vor, welche positiven Veränderungen an dieser Körperstelle geschehen sollen.

Die Wegweiser in diesem Kapitel haben Ihnen geholfen, Ihre Neuausrichtung auf solide Beine zu stellen. Damit sind Sie auf einem guten Weg, Ihr Lebensfeuer auf Dauer wieder lebendig werden zu lassen. Der Lichtfunke der Begeisterung für eine Neuausrichtung ist auf Sie übergesprungen. Das Abenteuer Leben bekommt wieder seinen Reiz, und Sie wollen mehr davon. Diese Lust nach mehr können Sie mit den Übungen im folgenden Kapitel stillen.

36 Ideen der Anwendung:

Wachsen Sie über sich hinaus!

»Wer andere besiegt, hat Kraft. Wer sich selbst besiegt, ist stark!« Laotse

Sie bewegen nun viele neue Vorstellungen von sich, dem Leben und der Welt in sich. Wissen muss angewandt werden, damit es Wirkungen zeigen kann. Ungenutztes und theoretisches Wissen ist so wertvoll, wie Stöckelschuhe zu tragen, um schneller zu wachsen. Ohne inneren Wachstumsprozess sind wir wieder klein, wenn sie ausgezogen werden. Stöckelschuhe tragen und innerlich wachsen ist hingegen großartig. Wir bekommen eine Ahnung, wie sich größer zu sein anfühlt, und haben noch mehr Lust, tatsächlich über uns hinauszuwachsen. Im Anwenden und Ausprobieren sind wir unser bester und weisester Lehrer!

Wenn Sie ein flexibles Weltbild leben und kreativ denken, dann gibt es Tausende von Ideen, wie Sie damit Ihr Leben verbessern und über sich hinauswachsen können. Ich habe

36 Ideen für Sie gesammelt, zum Ausprobieren, Inspirieren und selber Weiterentwickeln. Viel Freude in Ihrem Wirken und Wachsen im Feld der Möglichkeiten!

1. Den Wachstumsweg entlangschreiten

Wir können gegen unsere Lebensumstände ankämpfen oder die Harmonie dazu erhöhen. Wir haben immer die Wahl, welchen Weg wir wählen. Probieren Sie aus, welcher Weg sich besser anfühlt.

Stellen Sie sich dazu in Gedanken einen Pfad vor, der auf ein Haus mit der Aufschrift »Wachse über dich hinaus« zuläuft. Gehen Sie nun diesen Weg, achten Sie auf die Hindernisse, und suchen Sie Wege, diese zu überwinden. Anschließend gehen Sie den Weg ein zweites Mal. Schreiten Sie ihn entlang, und sammeln Sie all die Geschenke ein, die Sie auf dem Weg finden. Gehen Sie über die mentale Grenze, wie viele Geschenke es sein dürfen, hinaus, und sammeln Sie wirklich jedes einzelne ein.

Jeder Weg führt zum gleichen Ergebnis ... Sie entscheiden, welchen Sie wählen. Ich persönlich habe mich für den zweiten Weg entschieden.

2. Schaffen Sie sich virtuelle Erfahrungen!

Es gibt verschiedene Wege, neue Erfahrungen zu machen. Mir persönlich macht es Freude, Fantasie und Vorstellungsvermögen mit ins Boot zu holen. Versuchen Sie doch mal, sich bewusst virtuelle Realitäten zu schaffen, indem Sie Fantasyfilme inszenieren. In diesen Filmen sind Sie der Hauptakteur, und Sie nutzen Ihre Fantasie dafür, sich einen gewünschten Ablauf vorzustellen und ihn möglichst mit allen Sinnen zu erleben. Statt im Kino zu sitzen, sind Sie Teil Ihres eigenen Fantasyfilms. Ihr Agieren in diesen virtuellen Welten hat enorme Wirkung auf Ihr Verhalten in der Realität, je besser es Ihnen gelingt, in die Filmrolle zu schlüpfen. Wenn Sie selbstbewusster auftreten wollen, dann können Sie selbstbewusste Menschen beobachten, Ratgeber dazu lesen oder Ihr neues Auftreten als Film inszenieren und hautnah miterleben. Mir gefällt der dritte Weg, denn er hat den höchsten Spaßfaktor und ist Ausdruck eines lebendigen freien Willens.

3. Lassen Sie Ihre Ideen am Leben!

Am Anfang ist die Idee, und wenn wir diese Idee leben lassen, dann hat sie die Chance, sich zu entwickeln. So ging es mir mit diesem Buch. Plötzlich tauchte aus dem Meer an Möglichkeiten die Idee auf, kreatives Denken und Huna miteinander zu verknüpfen. Ich ließ diese Idee einfach stehen und beobachtete, ob sie ein Eigenleben entwickelte. Wenn wir Ideen sofort verwerfen, weil sie sich unrealistisch anfühlen oder wir nicht wissen, wie wir sie umsetzen können, dann ersticken wir einen Samen, bevor er überhaupt den Weg in die Erde gefunden hat. Lassen Sie Ideen am Leben, warten Sie auf weitere Impulse, bewegen Sie sie auf dem Abenteuerspielplatz, und entscheiden Sie dann erst, wie Sie weiter verfahren. Staunen Sie, was sich aus einer flüchtigen Idee entwickeln kann.

4. Werden Sie unabhängig!

Vieles wissen wir nicht, und mit diesem Nichtwissen leben wir. Das geht allen Menschen so. Doch manche Menschen lassen sich von ihrem vermeintlichen Unwissen im Alltag einschränken, dabei ist allein entscheidend, wie wir damit umgehen. Wir haben immer die Wahl, Spezialisten zu konsultieren und deren Wissen für uns zu übernehmen oder unsere eigenen Wahrheiten zu leben, etwas nach unserem Gusto zu interpretieren und unsere Erfahrungen für sich sprechen zu lassen. Je nach Situation wählen wir die eine oder die andere Variante. Das ist nicht überheblich, das ist schlicht und einfach pragmatisch und macht das Leben leichter!

5. Denken Sie verrückt!

Unmögliches zu denken oder gar auszusprechen, fühlt sich seltsam an, irgendwie hat es einen Touch von »verrückt sein«. Warum ist das so? Wir sind unseren Überzeugungen verfallen, regelrecht süchtig danach, sie immer wieder zu bestätigen. Als Kinder konnten wir alle verrückt denken, und als Erwachsener können wir das wieder trainieren. Denken Sie täglich fünf unglaubliche oder unmögliche Dinge, und Ihr Leben verändert sich!
Kürzlich habe ich diese Übung beim Joggen über die Felder gemacht. Kaum hatte ich den Gedanken zu Ende gedacht,

dass es unmöglich sei, jetzt am helllichten Tag wieder an der gleichen Stelle die Rehe von gestern zu treffen, schon tauchten sie hinter mir auf. Wissen Sie, was noch verrückter war? Ich rief ihnen mehrmals laut zu: »Danke.« Und sie rannten nicht weg, sondern blieben stehen und spitzten ihre Ohren.

6. Wenn Sie mal nicht weiterwissen …

Nichts existiert isoliert, alles hat Ahnung von seiner Umgebung, von der ganzen Welt. Wir alle sind mit dem gesamten Kosmos verbunden. So, wie eine Kastanie Informationen über den gesamten Kastanienbaum in sich trägt, so trägt jedes Teilchen Informationen über das ganze Universum. Mit jedem Gegenstand, den wir berühren, halten wir Informationen über die Entwicklung der ganzen Welt in Händen. Also nehmen Sie irgendeinen Gegenstand zur Hand, denken Sie an ein Problem, und verbinden Sie sich mit dem Informationsfeld des Universums.

7. Gönnen Sie sich Spaß mit Fantasie und Vorstellungsvermögen

Bei Kindern erleben wir häufig, dass Ereignisse, die sie sich lediglich vorstellen, ähnlich intensiv abgespeichert werden wie reale Geschehnisse. Bewahren Sie sich das sich wundernde Kind, das große Freude an Überraschungen hat und seine Fantasie ganz selbstverständlich ins Leben integriert. Kinder haben einen starken Bezug zum Feld der Möglichkeiten. Bringen auch Sie Ihre kindliche Fantasie ins Spiel, wenn es darum geht, Gewohnheitsmuster aufzulösen. Stellen Sie sich Ihre Gewohnheit als ein Stück Häkel- oder Strickarbeit vor. In Gedanken trennen Sie das bisher Gestrickte einfach auf, und aus dem Wollfaden lassen Sie ein neues Muster entstehen. Sie dürfen jetzt wieder Leichtigkeit in Ihre Art zu denken bringen!

8. Wundersame Erklärungen suchen

Wandeln Sie Erscheinungen um, indem Sie ihnen eine andere als die gewohnte Bedeutung geben. Ich hatte eine Entzündung im Sprunggelenk, die mir immer nachts Schmerzen bereitete. Den Satz »Was nachts schmerzt, ist Arthrose«, den mir ein Arzt einmal gesagt hatte, wandelte ich um in: »Was nachts schmerzt, heilt schneller.« Die Wirkung ließ nicht lange auf sich warten. Wundersame Erklärungen finden Sie auch beim Besuch Ihres Abenteuerspielplatzes.

9. Sie sind furchtlos geboren!

Die Natur hat uns mit einem Sensor ausgestattet, mit dem wir instinktiv potenzielle Gefahren erkennen und Vorsicht walten lassen können. Angst und Furcht gibt es in unserer natürlichen Ausstattung nicht. Angst zu haben, haben wir gelernt. Ein gelerntes Verhalten kann man wieder verlernen und verändern. Angst entsteht, wenn wir im Zweifel sind, ob wir mit einer Situation umgehen können, und wird gespeist von der Vorstellung, was sich Schlimmes daraus entwickeln könnte. Der beste Heiler für Angst ist, sich vorzustellen, was Gutes daraus entstehen kann, und sich selbst zu ermächtigen, mit jedem Ergebnis umgehen zu können.

10. Fakten und Anschauungen

Ein Kursteilnehmer sagte mir, dicke Menschen seien nichts wert und könnten sich selbst nicht lieben. Dieses Denkmuster fühlte sich für ihn an wie ein dicker, großer, unumstößlicher Brückenpfeiler. Seine Aussage ist ein gutes Beispiel dafür, dass wir Menschen dazu tendieren, unsere eigene Sichtweise als Fakt zu betrachten. Wenn wir sie als Fakt betrachten, dann ist sie unveränderbar. Ich persönlich verstehe unter Fakten nur Erscheinungen, wie Tag und Nacht oder die Schwerkraft, alle andere sind persönliche Anschauungen, und Anschauungen können wir jederzeit ändern. Ich lud den Kursteilnehmer ein, auf symbolischer Ebene zu arbeiten und den gewaltigen Betonpfeiler in einen beweglichen Goldfisch zu wandeln. Damit hat seine Sichtweise an Bedeutung verloren, und eine neue Denkweise war möglich. Wandeln auch Sie Betonpfeiler in Goldfische!

11. Entspannte Wachheit

Autoren, Philosophen, Forscher oder Künstler sind, während sie an einer Sache arbeiten, mit einem Teil ihrer Aufmerksamkeit im offenen Raum. Sie studieren sozusagen in der Bibliothek des Universums ein Buch zur Lösung eines Problems und sind gleichzeitig offen für Wissen aus anderen Büchern. Das Buch, das sie gerade lesen, vernetzt sie mit dazugehörenden Wissensfeldern. Man nennt das »entspannte Wachheit«, als Gegensatz zu mentaler Verkrampfung. Dadurch entsteht eine Öffnung des Denkens in jede Richtung. Wir machen das intuitiv, wenn wir beim Spazierengehen einen Gedanken locker in uns bewegen. In der bewussten Variante vertrauen wir darauf, dass, während wir an einer Sache arbeiten, automatisch mehr Informationen aus Wissensfeldern, die wir im Verstand nicht benennen können, zu uns fließen. Probieren Sie es aus!

12. Lösen Sie Illusionen auf

Illusionen sind Täuschungen, verfälschte Wahrnehmungen. Sie spielen eine große Rollc in Bezug auf unsere Selbstwahrnehmung. Zu den Illusionen zählen auch Bilder, die wir im Laufe des Lebens von uns entwickelt haben. Da gibt es das Bild der Unfähigen, des hässlichen Entleins, der Unbeherrschten und viele mehr. Suchen Sie sich eine dieser Rollen aus, um diese Illusion zu löschen. Gerne dürfen Sie dazu ein tatsächliches Erinnerungsfoto zur Hand nehmen, das diese Rolle repräsentiert, oder sich an eine Situation erinnern, in der Sie diese Rolle verkörpern.

Spüren Sie, welche unangenehme Reaktion diese Rolle bei Ihnen auslöst, und beschließen Sie dann, diese Illusion loszulassen. Wählen Sie ein Element Ihrer Wahl, und lösen Sie mittels Wasser, Feuer, Erde oder Luft die Illusion ganz auf. Spüren Sie, welche angenehme Reaktion damit verbunden ist.

13. Veränderung ist natürlich!

Wir sind Teil der Natur, und so ist es auch natürlich, uns zu verändern. Das Vertrauen darin, dass Veränderung positiv ist, weil damit Fortschritt und Entwicklung einhergehen, ruht tief in uns und ist Teil unseres Lebensfeuers.

Trotzdem ist unser Verhältnis zu Veränderungen oft ambivalent. Wir wollen uns verändern und auch wieder nicht. Dabei rufen selbst alltägliche Handlungen Veränderung hervor, wie ein Auto zu starten, die Haare zu waschen, einen Film anzuschauen oder zu atmen. Jede dieser Handlungen trägt den Samen der Veränderung in sich. Daraus können sich Veränderungen ergeben, die sofort oder erst zu einem späteren Zeitpunkt sichtbar werden. So kann es sein, dass Sie nach dem Haarewaschen entscheiden, dass es Zeit für eine neue Haarfarbe wird, beim Autofahren entdecken Sie den Hinweis auf ein Konzert, oder der Film inspiriert Sie zu einer Urlaubsreise.

Eines steht fest, in jeder Sekunde unseres Lebens finden Veränderungen statt. Gehen Sie mit der Haltung durchs Leben: »Ich verändere mich, solange ich lebe!«

14. Mut zur Veränderung

Obwohl Veränderung ein natürlicher Prozess ist, löst sie in vielen Menschen Angst hervor. Diese Angst geht einher mit Fragen wie: »Was wird sich im Außen ändern, wenn ich mich verändere?«, »Werde ich verstanden, werde ich weiterhin akzeptiert, werde ich kritisch beäugt und kann ich mit den Reaktionen meiner Umwelt umgehen?« Diese Angst vor Veränderung ist anerzogen.

Gehen Sie in die Natur, und bewegen Sie die folgenden Fragen in sich: »Fragt sich der Wind, ob es dem Feuer gefällt, wenn er seine Richtung wechselt?«, »Überlegt sich das Kamel, wenn es sein Winterfell ablegt, ob es die anderen aus der Herde ausschließen?«, »Erwägt der Kastanienbaum, mit dem Abwurf des Laubes zu warten, weil er nicht der erste Kahlkopf sein will?« Vermutlich werden Sie zu dem Ergebnis kommen, dass es Angst vor Veränderungen in der Natur nicht gibt.

Spüren Sie diese ungebändigte Kraft der Veränderung, die auch in Ihnen schlummert. Und schenken Sie sich damit wieder die Selbstverständlichkeit, sich zu verändern, so, wie es Ihrer Urnatur entspricht.

15. Ein starker Weg für Veränderung

Jede Veränderung, egal, in welchem Maße, schenkt uns die Chance, in uns harmonischer und damit selbstbewusster und »selbstvertrauter« zu sein. Die psychologische Forschung belegt, dass wir harmonischer leben und seelisch gesünder sind, wenn unser Verhalten und unser Denken übereinstimmen.

Schließen Sie die Augen, und gestalten Sie sich einen Lebensweg, der ein stabiles Fundament für die Veränderungen des Lebens darstellt. Ein Weg, der Sie durch alle Veränderungen trägt und auf dem Sie schleichen, tanzen, rennen, hüpfen und Saltos schlagen können, auf dem Sie rosa Haare, Piercings oder Löcher in den Strümpfen haben können. Ein Weg, der einem ausladenden Boulevard, statt einer engen Sackgasse gleicht, der Zuschauer einlädt, Ihren Weg zu bewundern, und der Ihnen Stabilität und Vertrauen schenkt.

16. Was trauen Sie sich zu?

Eine Lehrerin der Förderschule erzählt mir, dass Leistungs-
testergebnisse, die vor der Einschulung crstellt werden,
noch Jahre später Einzug in den Förderbericht eines Kindes halten. Seltsam, oder? Auch wenn Sie jetzt den Kopf
darüber schütteln, unsere Denkstrukturen funktionieren
gewöhnlich nicht anders.

Wie präsent sind Sie? Ich behaupte ganz kühn, Sie sind in
der Vergangenheit weit mehr präsent als in der Gegenwart.
Denn es ist so, dass meist vergangene Erfahrungen aus-
schlaggebend dafür sind, was wir uns heute zutrauen. Doch
zu wachsen bedeutet, Perspektiven zu sehen und nicht zu-
rückzublicken. Was früher war, ist nicht mehr wichtig, das
Heute zählt, denn das Heute bringt neue Möglichkeiten,
und heute sind Sie ein anderer Mensch als gestern!

17. Genießen Sie die Instabilität

Lebendig sein bedeutet instabil sein. Erinnern Sie sich noch
an Ihre ersten Versuche, das Fahrradfahren zu lernen, und
wie sehr es damals gewackelt hat? Instabilität ist genau das:

der Punkt der größten Unsicherheit, der Moment, an dem Sie, auf einem Bein stehend, nicht wissen, ob Sie die Balance halten können. Genießen Sie diesen Chaospunkt in gleichem Maße wie den Stillstand. Beides hat seine Qualität. Zu leben, heißt, immer wieder Fahrradfahren zu lernen. Hoch konzentriert und voller Energie lernen wir, eine neue Balance zu finden.

18. Ich kann!

Henry Ford sagte: »Egal, ob du denkst, du kannst es oder du kannst es nicht: Du wirst auf jeden Fall recht behalten!« Mit einem flexiblen Weltbild schenken Sie sich neue Möglichkeiten, über Ihr Können nachzudenken. Ihr altes Ich verliert an Bedeutung, und Sie können sich neu erschaffen. Bestimmt gibt es die »Ich kann«-Versionen von Ihnen schon, und Sie haben Sie nur noch nicht bewusst wahrgenommen. Also denken Sie gar nicht lange nach, aktivieren Sie Ihren freien Willen, ändern Sie Ihre Perspektive, und sagen Sie sich: »Ich kann!«

19. Entdecken Sie Ihre wahre Größe!

»Großes geschieht, wenn Mensch und Berg sich treffen«, sagte William Blake. Entdecken Sie Ihre wahre Größe, werden Sie zu dem großen majestätischen Berg, der Sie sein können. Wählen Sie dazu einen Berg ganz nach Ihrem Geschmack, und stellen Sie sich vor, am Fuße dieses Berges gibt es eine Tür, durch die Sie ganz mühelos in den Innenraum des Berges eintreten können. In diesem Innenraum erkennen Sie, wie weit Sie noch wachsen können. So weit, bis Sie den ganzen Berg ausfüllen. Dann leben Sie Ihre wahre Größe. Machen Sie sich Stück für Stück größer, wachsen Sie in alle Richtungen, und prüfen Sie dabei immer wieder, ob Sie sich in diesem Wachstumsprozess wohlfühlen. Es ist gar nicht nötig, auf einmal den ganzen Berg auszufüllen, wichtig ist, dass Sie sich Schritt für Schritt an Ihre wahre Größe gewöhnen. Irgendwann füllen Sie den ganzen Berg aus, und dann heißt es: »Herzlich willkommen in Ihrer wahren Größe!«

20. Durchschnitt war gestern!

Durchschnittswerte spielen in unserem Leben eine große Rolle. Wir werden zu Durchschnittsmenschen erzogen, denn das verschafft uns das sichere Gefühl, nicht aus dem Rahmen zu fallen. Nicht durchschnittlich zu sein, ist aber sehr erstrebenswert, denn es macht Sie zu etwas Einzigartigem, gibt Ihnen das Gefühl, lebendig zu sein, und lässt Sie im Leben weiterkommen. Machen Sie Ihre eigene Leistung wieder zu etwas Besonderem. Stehen Sie jeden Morgen mit dem Gefühl auf: »Ich bin einzigartig!«, und trainieren Sie dadurch Ihre Individualität und Flexibilität. Es gibt keine Durchschnittsmenschen, jeder Mensch ist auf seine Weise besonders.

21. Lassen Sie Ihre Aura strahlen!

Sicher haben Sie auch schon mal von dem Begriff »Aura« gehört – die Aura ist unser natürliches Energiefeld, das uns umgibt und sich unbegrenzt ausdehnen kann. Sie können sich Ihre Aura als ein Netz aus Licht vorstellen. Ihre Aura reagiert auf Ihre Anweisungen und ist damit ein wunderbares Werkzeug, um Einfluss auf Gefühle und Stimmungen zu nehmen oder Informationen und Wissen zu senden und zu empfangen. Wir Menschen haben ein Faible für Farben. Diese Vorliebe können wir nutzen, um mit unserer Aura zu arbeiten, ihr klare Aufträge zu geben.

Wenn Sie sich antriebslos fühlen, dann können Sie intuitiv die nächste Farbe nehmen, die Ihnen in den Sinn kommt, und Ihrer Aura den Auftrag geben, Sie in diese Farbe zu hüllen. Oder Sie arbeiten mit der Tabelle, suchen sich z. B. die Farbe Blau für Tatendrang aus und gehen in Blau gehüllt an Ihre Arbeit.

Farbe	Bedeutung
Weiß	Bewusstsein, Klarheit
Rot/Rosa	Freiheit, Entspannung, Dynamik

Orange	Fokus, Konzentration, Intensivierung
Gelb	Präsenz, Ausdauer, zentriert sein
Grün	Liebe, Lachen, Loben, Akzeptanz, Selbstwert
Blau	Selbstvertrauen, Tatendrang, Ermächtigung
Violett/Lila	Harmonie, Flexibilität, Verankerung

22. Geben Sie Ihrer Stimme Raum!

Unsere Lebenszeit ist begrenzt. Warum sollten wir sie also verschwenden, indem wir das Leben anderer leben oder uns von Dogmen beherrschen lassen, die das Ergebnis der Gedanken anderer sind. Geben Sie Ihrer eigenen Stimme einen wohlklingenden, sonoren und deutlich hörbaren Klang, damit andere Stimmen sie nicht überdecken. Summen Sie, singen Sie ein Lied, das Ihnen gefällt, und tun Sie dies immer lauter, kräftiger und voller Enthusiasmus.

23. Rollenwechsel

Wir können ein Problem nicht mit derselben Sichtweise lösen, aus der es entstanden ist. Führen Sie sich Ihr aktuelles Problem vor Augen, und benennen und befragen Sie im Geiste andere Menschen, die über andere Blickwinkel verfügen. Stellen Sie sich vor, wie ein Astronaut, ein Detektiv, ein Maler, ein Techniker oder ein Komiker Ihr Problem sehen und damit umgehen würde.

24. Der Apfel der Heilung

Probieren Sie ungewöhnliche Heilmethoden aus. Ich gebe Ihnen dazu ein Beispiel: Kürzlich hatte ich eine Phase, in der ich mich gelähmt, starr und festgefahren fühlte. Methoden, die in der Regel gute Wirkung zeigten, hatten nicht den gewünschten Effekt. Da kam mir die Idee, etwas ganz Schräges zu probieren. Ich hatte gerade Lust, einen Apfel zu essen. Diesem Apfel gab ich, während ich ihn in Spalten schnitt, den Auftrag, jetzt ein Apfel der Heilung zu sein. Faszinierend war, wie schnell dieser Apfel eine positive Wirkung zeigte. Erfinden Sie Ihre eigenen Heilmittel!

25. Sie sind ein sich ständig veränderndes Feld

Unser Knochenmark produziert jede Sekunde 2,5 Millionen rote Blutzellen. Andererseits werden pro Sekunde 10–50 Millionen Zellen abgebaut und durch neue ersetzt. In jeder Zelle finden 10.000 Reparaturarbeiten pro Tag statt. Unsere Haut erfährt innerhalb von 360 Tagen und unsere Leberzellen acht Mal im Jahr einen vollständigen Neuaufbau. In uns findet ein ständiger Prozess von Veränderungen, Wandel und Neubeginn, ein sich permanent wiederholender Zyklus von Geburt und Sterben statt. Versuchen Sie doch einmal, diesen ständigen Wandel bewusst zu erleben. Anstatt wie gewohnt Ihren Körper als festes Konstrukt wahrzunehmen, sehen Sie sich selbst als bewegliches Konstrukt von Teilchen, die entstehen und vergehen, lebendig sind und Ihren Körper formen. Diese Sichtweise kann Sie dabei unterstützen, Heilungsprozesse und positive Veränderungsprozesse in Ihrem Körper voranzubringen.

26. Darf es leicht und schnell gehen?

Wie viel Zeit darf es kosten, bis eine Angelegenheit bereinigt, ein Heilungsprozess beendet oder ein Gewohnheitsmuster verändert ist? Im Rahmen einer Studie wurde festgestellt, dass Erfahrungswerte Einfluss auf den Heilungsprozess haben. Krankenschwestern legten Patienten die Hände auf, um den Heilungsprozess zu unterstützen und Laien taten dasselbe. Patienten, die von den Laien behandelt wurden, erholten sich schneller. Die Ursache dafür lag einfach im Glaubenssystem. Das Fachpersonal hatten bestimmte Erfahrungswerte, wie lange der Heilungsprozess nach einer bestimmten Operation braucht, während die Laien unvoreingenommen waren.
Prüfen Sie Ihr Weltbild auf solche Erfahrungswerte, und sorgen Sie für mehr Unvoreingenommenheit.

27. Betreiben Sie aktives Networking!

Netzwerken ist ein Phänomen unserer Zeit. Wer viele Freunde bei Facebook hat, ist nicht nur gut vernetzt, sondern gilt auch als beliebt. Netzwerken heißt Verbindungen herstellen. Das können Sie auch auf geistiger Ebene tun. Suchen Sie sich eine Angelegenheit aus, für die Sie Unterstützung brauchen könnten, und stellen Sie mental die gewünschte Verbindung her. Sie können ins Gedankenfeld der Künstler gehen, wenn Sie kreative Anregungen brauchen, ins Feld der Handwerker, wenn Sie Ihre Wohnung neu tapezieren möchten, oder mit dem Feld der Gärtner Kontakt aufnehmen, wenn eine Pflanze kränkelt.

28. Tapetenwechsel!

Wenn Sie in einer Angelegenheit nicht vorwärtskommen, dann sorgen Sie einfach für einen Tapetenwechsel. Gehen Sie in Gedanken zu Ihrem Abenteuerspielplatz, in einen anderen Raum oder in einen Aufzug. Spannend kann es auch sein, ungewöhnliche Orte auszuprobieren, wie das Theater, eine Kirche oder ein Segelschiff und zu schauen, welche Lösungswege sich zeigen.

29. Emotionen wandeln

Emotionen können, wenn es sich nicht gerade um Freude, Ausgelassenheit oder Unbeschwertheit handelt, sehr einengend und sehr hartnäckig sein. Mithilfe Ihres neu gewonnenen flexiblen Weltbildes stellen Sie sich einfach vor, wie Sie diese Emotionen ins Netz des Universums geben. Damit sind sie nicht mehr im Bereich Ihrer Aufmerksamkeit und lösen sich in Sekundenschnelle auf. Sie werden wieder zu neutralen Wellen, die durchs Universum gleiten.

30. Gedankenwellen

Sie können sich Gedanken als Wellen vorstellen, die durch die Welt schweben und bei den Menschen Spuren hinterlassen, die zu diesem Gedanken dieselbe Wellenlänge haben oder zu ihm im Widerstand sind. Gedanken sind wie Magnete. Mit jedem Gedanken senden wir Wellen aus – egal, ob wir lesen, arbeiten oder telefonieren – und ziehen damit gleichzeitig gleichartige Wellen an. Machen Sie sich bewusst, von welchen Wellen Ihre Gedanken gespeist werden, mit welchen Wellen Sie in Resonanz sind. Jede Veränderung Ihres Denkens zieht eine andere Form von Wellen nach sich und verändert, womit Sie in Resonanz sind.

31. Alles ist Energie!

Egal, ob es sich um Gedanken, Emotionen, Menschen, Tiere oder Gegenstände handelt: Alles wird mit der neutralen Energie des Universums geschaffen und durch unser Bewusstsein zu Materie. Mit diesem Fokus leben wir in einer Fülle an Energiequellen. Wir können die Energie unseres Autos ebenso zur Energieerhöhung nutzen wie die eines wutentbrannten Menschen oder die eines Baumes. Wenn wir die äußere Form außer Acht lassen, ist alles neutrale Energie. Entdecken Sie mit diesem Fokus nützliche Energiequellen, und stellen Sie sich vor, was Sie mit diesem Mehr an Energie zu leisten in der Lage sind!

32. Erzählen Sie sich spannende Heilungsgeschichten!

Geschichten bergen eine große Heilkraft in sich. Sie sind die Basis für unsere Zukunft. Unbewusst erzählen wir uns in Gedanken den ganzen Tag Geschichten. Viele handeln von Misserfolgen, Sorgen, Befürchtungen und Unzulänglichkeiten. Mit erfreulichen und spannenden Geschichten erfreuen Sie Ihren Körper, Ihre Selbstheilungskräfte und öffnen gleichzeitig neue Denkräume. Das Universum verfügt über unzählige Möglichkeiten der Heilung. So können Sie sich vorstellen, Sie würden einen Heilraum der Zukunft aufsuchen. Dort wird Ihr Heilungswunsch allumfassend behandelt, auch mit Methoden, die heute noch gar nicht bekannt sind, erst noch entdeckt werden. Beschreiben Sie sich futuristische Gestalten oder Geräte so intensiv und lebendig wie es geht. Die Intensität Ihrer Erzählung bestimmt über Ihre zukünftige Entwicklung.

33. Lassen Sie Ihr Lebensfeuer lichterloh brennen!

Ich möchte Ihnen Pele, die Feuergöttin, vorstellen. Ihr Zuhause ist der aktivste Vulkan auf dieser Welt. Sie lebt als Feuerfrau in jeder Flamme, im Schein des Kaminfeuers, in der rot glühenden Lava und in den flammenden Blitzen des Nachthimmels. Ihre Kräfte sind unbegrenzt. Wenn sie auf die Erde stampft, explodiert der Boden mit tosendem Krachen, und glühend heiße Lava ergießt sich über das Land. Sie ist der Ausdruck für unsere Leidenschaft und die brennende Liebe zum Leben. Sie hütet und entfacht unser Lebensfeuer. Sie ist purer Tatendrang, Einsatzfreude und Lebenslust. Sie zeigt sich als wunderschöne junge Frau oder als verhutzelte Weise. Entwickeln Sie Ihr eigenes Bild von Pele, der Hüterin Ihres Lebensfeuers, und geben Sie ihr den Auftrag, dieses lichterloh brennen zu lassen!

34. Beginnen Sie ein neues Leben!

Ich habe von einem Mann gehört, der von heute auf morgen aufgehört hat zu rauchen. Doch, wie hat er das gemacht? In den Augen der modernen Physik löst sich eine Daseinsform vollständig auf, wenn sie keine Aufmerksamkeit mehr bekommt. In der Vorstellung dieses Mannes war er Nichtraucher und nie Raucher gewesen. Mit diesem Gedankenmodell gelang ihm ein müheloser Existenzwechsel, und das Verlangen nach einer Zigarette endete. Das neue Nichtraucherdasein stand im Fokus und wurde mit jedem Tag kraftvoller.

Das gleiche Modell können Sie für viele andere Gewohnheiten verwenden. Sie können Ihre Existenz als Coachpotato, Schokoladenjunkie oder Selbstzweifler beenden und sich als Bewegungshungrigen, Schokoladengenießer oder »Macher« in ein neues Dasein gebären. Wir alle sind unendlich wandelbar! Vielleicht ist das für Sie im Moment noch eine gewagte Vorstellung – da hilft einfach ausprobieren!

35. Alles ist möglich

Die Kräfte des Universums arbeiten immer dort am intensivsten, wo Neues entsteht. Und Neues entsteht, wo die Strukturen dynamisch und flexibel sind. Ich möchte Ihnen davon eine Ahnung geben: Nehmen wir das Beispiel »Wetter«, es ist wenig genau vorhersagbar, und immer wieder kommt es anders als prognostiziert. Gehen wir hinein in diese Wetterküche. Stellen Sie sich diese als einen Raum vor, in dem die Hochs und Tiefs in Form von Sonne, Wind, Regen, Schnee und Wolken kunterbunt durcheinander tanzen. Keines ist wirklich greifbar, sondern immer lebendig und in Bewegung. Die Elemente treffen sich und gehen wieder auseinander. Gehen Sie einfach mitten hinein, und genießen Sie diese wunderbare Kraft des Sich-Formens, Sich-Veränderns, Sich-lebendig-Fühlens und Neu-Erfindens.

36. Wer möchten Sie sein?

Im Meer der Möglichkeiten lösen sich Bilder von uns auf, und neue Bilder entstehen. Was wäre, wenn ich Ihnen sagte: Es gibt keine Begrenzungen, kollektive Gedankenformen wirken nur in der Intensität, wie Sie es zulassen, und Erinnerungen sind nur präsent, wenn Sie jetzt gerade einen direkten Nutzen davon haben. Alles ist möglich und entsteht im Moment des Denkens.

Wer möchten Sie dann sein? Wie würden Sie sich formen? Was würden Sie verstärken, was verändern, und welche Sehnsüchte würden Sie sich erfüllen?

Erwarten und Manifestieren

»Im Leben gibt es keine Lösungen. Es gibt nur Kräfte, die in Bewegung sind: Man muss sie erzeugen, und die Lösungen werden folgen.« Antoine de Saint-Exupéry

Das Erwarten und das Manifestieren stellen die aktive Anwendung unseres freien Willens dar. Wenn wir über uns hinauswachsen wollen, brauchen wir andere Erwartungen und gute Kenntnisse über das Manifestieren. Zu den Hauptantriebskräften von uns Menschen gehört es, aktiv zu sein, unsere Fähigkeiten zum Einsatz zu bringen und unseren freien Willen bewusst einzusetzen. »Ich erreiche, was ich will!« Der Glaube an unsere Fähigkeiten und der Wille, diese zum Einsatz zu bringen, wurden uns in die Wiege gelegt. Mit unserem Willen als Werkzeug unseres Bewusstseins können wir unvorstellbar viel erreichen!

Fassen Sie das, was Sie wollen, fest ins Auge. Nur so gelangen Sie zu Zielen, die vorher unerreichbar schienen. Wenn Sie sich jetzt fragen, wo die Grenzen Ihrer Wirksamkeit sind, dann lächle ich Sie voller Vertrauen an und sage Ihnen: Finden Sie es heraus!

Erwarten

Die Magie unserer Erwartungen

Ein kluger Mensch erwartet immer das Beste. Das tut er, weil er davon ausgeht, dass er immer sein Bestes gibt. Was ist mit »sein Bestes geben« gemeint? Wenn Sie sich mit Fieber und Kopfschmerzen ins Büro schleppen, dann besteht Ihr Bestes darin, einen Bruchteil von dem zu erledigen, was heute ansteht und sich zu bemühen durchzuhalten. Wenn Sie den gleichen Tag ohne Fieber, dafür aber mit der Aussicht auf den baldigen Urlaub beginnen, geben Sie Ihr Bestes, wenn Sie hoch konzentriert Ihre To-do-Liste abarbeiten und sogar noch Unvorhergesehenes erledigen. In beiden Fällen geben Sie Ihr Bestes.

Übung: Das Beste erwarten

Suchen Sie sich ein Anliegen aus. Reflektieren Sie, was Ihrer Meinung nach das Beste wäre, was diese Situation hervorbringen könnte? Wie fühlt es sich an, das Beste zu erwarten?

Der Effekt von Erwartungen

Erwartungen sind Energiebündel, die ein bestimmtes Ziel anvisieren und energetisieren. Erwartungen basieren auf Erfahrungen der Vergangenheit. Enttäuschte Erwartungen vermindern zukünftige Erwartungen zum gleichen Thema oder zur gleichen Person. Erfüllte Erwartungen wecken den Wunsch nach mehr. Viele Jahre hörte ich immer wieder die Aussage: »Erwartest du nichts, bekommst du viel.« Doch wie soll sich mein Wunsch erfüllen, wenn das Universum gar nichts davon weiß?

Übung: Die Kraft der erfüllten Erwartungen

Wir denken selten über Erwartungen nach, die sich erfüllt haben. Nehmen Sie sich jetzt die Zeit dafür. Machen Sie sich möglichst viele erfüllte Erwartungen bewusst. Denken Sie an solche Dinge wie die funktionierende WC-Spülung, die Eingangstür, die sich öffnen lässt, das Auto, das anspringt, oder das Messer, das schneidet. So viele Erwartungen erfüllt das Universum Ihnen täglich ganz mühelos. Das Universum ist ein Garten, in dem wir ernten dürfen.

Wie Sie erfolgreich erwarten

Erwartungen haben verschiedene Erscheinungsformen, neben einer verbalen Äußerung können es Gedanken, eine Handlung, die wir mit Zuversicht vollziehen, ein Gefühl der Vorfreude oder ein Vertrauensvorschuss sein. Richtig genutzt, sind Erwartungen schlicht und einfach magisch. Sie sind stärker als fokussierte Gedanken, weil sie kaum Raum für Zweifel lassen. Sie werden genährt vom Grundvertrauen in uns selbst und ins Leben. Wir selbst schaffen Erwartungen und sind dafür verantwortlich, wie wir mit ihnen umgehen. Ermächtigen Sie sich, mit Enttäuschungen umgehen zu können. Nur so entwickeln Sie Vertrauen und Mut, das Beste zu erwarten.

Sobald Sie etwas erwarten und daran festhalten, haben Sie einen klaren und kraftvollen Fokus geschaffen. Ein Fokus ist stark, wenn es Ihnen gelingt, im Vertrauen zu bleiben. Ich sage immer zu meinen Seminarteilnehmern: »51 % Vertrauen und 49 % Zweifel ist eine Basis, auf der man aufbauen kann.« Die Hauptsache ist, dass Sie trotz aufkommender Zweifel Ihre Erwartung aufrechterhalten. Werfen Sie die Zweifel einfach achtlos zur Seite. Wenn das nicht möglich ist, dann schauen Sie sich an, was die Zweifel nährt, und lösen Sie den Nährboden auf. Beim Erwarten können Sie richtig viel über sich lernen. Sie erkennen, nach welchen Mustern Sie vorgehen, welche Anschauungen Sie in Bezug auf ein Ziel haben, wie flexibel Sie im Denken sind und wie schnell Sie Zweifeln Raum geben. Aufgrund der Intensität Ihrer Erwartung sucht das Universum im Meer der Möglichkeiten nach dem besten möglichen Ergebnis.

Erwartungen an uns selbst sind eine ganz besondere Spezies. Wir neigen dazu, unsere Messlatte sehr hoch zu setzen und alles, was darunter liegt, als Versagen, Unfähigkeit oder Nichtkönnen zu sehen. Verschlimmert wird das Ganze, wenn wir uns auch noch mit anderen vergleichen. Im Huna gilt der Grundsatz: »Jeder Erfolg zählt, egal, wie groß er ist.« Wir können viel besser »das Beste erwarten«, wenn wir unsere Messlatte nach unten setzen und dadurch in der Lage sind, Erfolge in jeder Größenordnung zu feiern. Jeder Erfolg ist ein Same für weitere Erfolge und stärkt unser Vertrauen in unsere Fähigkeiten.

Es gibt keinen Grund, Ihre Wünsche zurückzuhalten. Trotzdem kann es, auch wenn Sie ganz ohne Zweifel sind, passieren, dass eine Erwartung nur teilweise oder nicht auf die von Ihnen gewünschte Weise erfüllt wird. Dann ist dies das derzeit bestmögliche Ergebnis. Ich sage bewusst »das derzeit mögliche Ergebnis«, weil wir in einem Universum leben, das sich ständig verändert, und damit können sich auch Ergebnisse verändern. Manchmal erfüllen sich Wünsche auf eine andere Weise, zu einem anderen Zeitpunkt, das Universum ist sehr kreativ! Je stärker wir ihm die Form der Erfüllung überlassen, desto kreativer kann es sein.

Gestalten Sie kraftvolle Erwartungen, tun Sie dies mit großem Vergnügen, und erwarten Sie das Beste! Halten Sie es wie Wilhelm Busch: »Ein jeder Wunsch, wenn er erfüllt, kriegt augenblicklich Junge.«

Hier kommt eine Anleitung dazu:

Prinzip	Erfolgreich erwarten
Bewusst-heit	Ändern Sie Ihr Denken in Bezug auf Ihr Ziel. Schlagen Sie ein neues Kapitel auf, das nur konstruktive Gedanken über Ihr Ziel enthält.
Freiheit	Verankern Sie die Regel: »Ich gebe immer mein Bestes, und ich erwarte das Beste!«
Fokus	Sie stärken Ihren Fokus, wenn Sie so denken und handeln, als würde sich Ihre Erwartung erfüllen. Gehen Sie nicht zu sehr ins Detail, das erschwert die Erfüllung. Erwarten Sie, dass etwas Gutes passiert, und stärken Sie Ihren Fokus durch Vorfreude.
Präsenz	Wenn Sie sehr präsent sind, dann haben Sie keine Zweifel. Welche Erinnerungen oder Befürchtungen stehen Ihrem Ziel im Wege? Belassen Sie sie in der Vergangenheit, und erlauben Sie sich jetzt, ein anderer Mensch zu sein.

Liebe	Fragen Sie sich: »Wie fühle ich mich, wenn ich an mein Ziel denke? Welches Gefühl möchte ich verstärken oder neu hinzunehmen? Wie viel Freude empfinde ich dabei?
Macht	Erlauben Sie sich, Erwartungen zu haben, an deren Erfüllung zu glauben und aktiv daran zu arbeiten.
Flexibilität	Flexibilität ist der Schlüssel zum Erfolg. Wie viel von Ihren scheinbar wichtigen Glaubenssätzen sind Sie bereit loszulassen? Handeln Sie nach der Devise: »No risk, no fun!«, und gehen Sie flexibel mit den Resultaten um.

Manifestieren

Manifestieren bedeutet, mit unserem ganzen Lebensfeuer aktiv zu werden in dem Wissen um unsere Gestaltungsmacht. Wir wollen Ideen umsetzen, senden Wellen hinaus ins Universum, um sicht- und greifbare Ergebnisse zu erzielen. Beim Manifestieren wollen wir etwas erreichen, verändern oder ablegen. Manifestieren heißt, leidenschaftlich in den Fluss des Lebens einzugreifen, mehr vom Leben zu wollen und sich des Einflusses auf die Welt bewusst zu sein. Statt eines unbeschriebenen Blattes sind wir dann Macher, kluge Köpfe und charismatische Erscheinungen. Manifestieren findet gleichzeitig auf der mentalen, emotionalen und physischen Ebene statt. Unser Denken allein verändert die Materie. Doch Denken kombiniert mit Handlungen und Emotionen hat noch eine sehr viel größere Wirkungskraft.

Energie und **Macht** sind die beiden tragenden Säulen der Manifestation. Sie gehören zusammen, ergänzen sich gegenseitig und bringen Ergebnisse ans Tageslicht. Beschäftigen wir uns zuerst mit dem Thema Energie.

Energie

Energie fließt frei in Wellen überall dort, wo es keine Widerstände gibt. Wir Menschen verfügen zu jedem Zeitpunkt unseres Lebens über genügend Energie. Je mehr Energie im Fluss ist, desto mehr davon können wir zum Manifestieren nutzen.

Das Gefühl, energielos zu sein, entsteht, wenn Energie im Widerstand gebunden ist. Unseren Energiefluss können wir erhöhen, indem wir Widerstand, der sich in Form von Anspannung zeigt, reduzieren. Solche Widerstände kennen wir alle, sie entstehen durch Gedanken, Emotionen oder Handlungen. Um diese wieder loszuwerden, brauchen wir Bewegung, denn sie ist die Essenz des Lebens.

Sorgen Sie deshalb für Bewegung auf allen Ebenen, um Ihren Energiefluss zu erhöhen. Mit der Erhöhung des Energieflusses gewinnt Ihre Manifestationswelle an Schnelligkeit und Intensität.

Körperebene

Das beste Hilfsmittel, um den Energiefluss auf Körperebene zu erhöhen, ist, für Bewegung zu sorgen. Dazu müssen Sie nicht spazieren gehen oder Sport treiben, es genügt, wenn Sie 1–2 Minuten entspannter atmen, Wasser mit dem Fokus auf Entspannung trinken, Ihre Körperhaltung verändern, Ihren Körper berühren, auf dem Stuhl hin- und herrutschen, Ihre Finger oder Zehen bewegen, die Sonne spüren, Ihre Haare kämmen, Ihre Hände waschen und vieles mehr. Ihnen fallen bestimmt noch viele weitere Methoden ein. Beachten Sie dabei, dass es nicht auf die Dauer oder die Art ankommt, sondern auf den Fokus.

Sobald Sie erste Anzeichen von Entspannung bemerken, können Sie den weiteren Prozess Ihrem Körper überlassen.

Emotionale Ebene

Die Energie unserer Emotionen ist eines unserer stärksten Werkzeuge. Freude, Lust, Bewunderung und Begeisterung sind die erfolgversprechendsten Emotionen, um unseren Energiefluss in Schwung zu bringen. Was ist gerade in Ihrer Nähe, das diese Gefühle hervorrufen kann. Der Blick auf ein Urlaubsfoto, ein Lachen aus dem Nachbargarten, die Bewunderung für das Outfit einer Kollegin, die Lust auf eine Tasse Kaffee – all das bringt Ihre Energie zum Fließen. Um uns herum gibt es ständig Einladungen, diese dynamischen Emotionen zu leben. Gute Erinnerungen oder Lieder sind auch eine wunderbare Quelle, um auf emotionaler Ebene für einen besseren Energiefluss zu sorgen.

Mentale Ebene

Die Art unserer Gedanken sorgt für Anspannung oder Entspannung, ruft Widerstand oder Zustimmung hervor. Wir verarbeiten im Schnitt 40.000 Gedanken täglich. 3 % davon sind hilfreiche und aufbauende Gedanken, 25 % sind destruktiv, und die restlichen 72 % sind eher flüchtige Gedanken. Gedanken verbrauchen enorme Mengen an Energie. Schon allein deshalb ist es wichtig, unsere Gedanken sinnvoll auszurichten und den Anteil der konstruktiven Gedanken deutlich zu erhöhen. Das hebt unser Energieniveau an und ist die Basis, um erfolgreich gute Dinge in unser Leben zu bringen. Wir ziehen unaufhörlich solche Wellen an, die mit unseren Gedanken übereinstimmen. Diese Wellen verstärken die Energie unserer Gedanken.

Nutzen Sie Ihr Vorstellungsvermögen, und begeben Sie sich gedanklich an Orte, an denen Sie gerne verweilen. Egal, ob Wald, Meer, Berggipfel, Sportstudio, Lieblingscafé oder der eigene Garten, diese Gedankenreisen haben einen unmittelbaren Effekt auf Ihren Energiefluss.

Macht

Im ersten Schritt haben Sie Ihren Energiefluss erhöht. Doch Energie alleine reicht nicht, um sichtbare Ergebnisse hervorzubringen. Es braucht eine lenkende Kraft. Diese lenkende Kraft ist umso wirksamer, je mehr Energie zur Verfügung steht. Mit einem vollgetankten Auto können Sie weiter und schneller fahren als nur mit dem Inhalt des Reservetanks. Diese lenkende Kraft wird als Macht bezeichnet. Macht wird im positiven Sinne verwendet, wenn wir Energie nutzen, um sie für etwas einzusetzen. Macht ist Ausdruck unseres Tuns, um in einem Universum der Möglichkeiten unser Leben zu gestalten. Macht ist, das Auto selbst zu steuern, statt das Steuer anderen Kräften zu überlassen. Je machtvoller wir uns wahrnehmen, desto wirksamer sind wir beim Manifestieren. Macht drückt sich auf allen Ebenen aus. Je mehr wir unsere Macht benutzen, desto stärker wird sie.

Körperebene

Gedanken und Körper bilden ein Team. Binden Sie Ihren Körper in alles, was Sie manifestieren wollen, mit ein. Ihr Körper ist der Sender ins Universum, der Ihre Gedanken und Wünsche hinausbefördert. Hier sind Beispiele, auf welche Weise Sie Ihren Körper mit ins Boot nehmen können.

›   Denken Sie an ein Ziel, und beobachten Sie, welche un-
    angenehme Körperreaktion dazu auftaucht. Verwenden
    Sie eine der unter Energie beschriebenen Methoden,
    um diese Anspannung aufzulösen.

›   Denken Sie an eine Erwartung, und prüfen Sie, wie
    standsicher Sie dabei sind. Benutzen Sie Ihre Macht, bis
    Sie einen so sicheren Stand haben wie ein gut verwur-
    zelter Baum.

›   Verbinden Sie Körperbewegungen mit einem Ziel.
    Hüpfen Sie auf und ab, während Sie an Ihr Ziel denken.
    Stellen Sie sich vor, dass Sie jeder Schritt auf dem Lauf-
    band diesem Ziel näherbringt!

›   Trinken Sie Ihre Tasse Tee als Krafttrunk für Ihre Ge-
    staltungsmacht!

›   Sehen Sie den Weg in die Garage als symbolischen
    Gang, um mit großer Vorfreude die Erfüllung Ihrer
    Manifestation abzuholen!

›   Verwenden Sie glaubhafte Worte, die Sie mit Ihrer
    Macht in Verbindung bringen, z. B. »Ich kann«, »Ich
    habe Einfluss«, »Ich bin aktiv«, »Ich gebe mein Bestes«,
    und unterstreichen Sie diese Worte mit kraftvollen Ges-
    ten.

›   Suchen Sie Lieder, die Sie an Ihr Ziel erinnern, ändern
    Sie die Texte individuell ab, und singen Sie mit.

Ihr Alltag ist ein wunderbarer Abenteuerspielplatz, um Alltagshandlungen bewusst Bedeutungen zu geben und Ihren Fokus zu stärken. Sie sehen, Sie brauchen zum Manifestieren nicht den Rückzug ins stille Kämmerlein anzutreten, sondern können es mühelos in Ihren Tagesablauf integrieren, wenn Sie Ihre Macht bewusst dafür einsetzen. So funktioniert ein freier, lebendiger Wille, der den brennenden Wunsch hat, etwas zu erreichen.

Emotionale Ebene

Mit Emotionen stärken oder schwächen Sie Ihre Gestaltungsmacht. Wenn Sie gegen etwas ankämpfen, darüber unglücklich, ärgerlich, trotzig oder traurig sind, dann spüren Sie eine Macht, die durch unseren Widerstand entstanden ist. Ihr Fokus richtet sich gegen etwas. Das kann auf Dauer eine sehr ineffektive Form der Macht sein, weil Sie sich dadurch mutlos, geschwächt und hilflos fühlen. Effektive Macht entsteht, wenn Sie den Fokus darauf richten, was Sie tun können, wie Sie mit der Situation umgehen können, was jetzt möglich ist, um sich machtvoller zu fühlen. Durch diese Ausrichtung entstehen Emotionen, die Sie schnell wieder mit Ihrer Schaffenskraft in Verbindung bringen und Ihre Macht stärken.

Reflektieren Sie auch darüber, welche Fähigkeiten Sie bereits für diese Ausrichtung mitbringen. Loben Sie sich dafür. Lob ist eine wunderbare Quelle schöner Emotionen, und Sie fühlen sich machtvoller und stärker. Loben Sie auch andere, die das, was Sie wollen, schon erreicht haben. Das verstärkt die Emotionen von Lust, Freude und Hoffnung.

Machen Sie etwas, was Ihnen das Gefühl gibt, Einfluss zu haben. Schreiben Sie bewusst etwas auf einen Notizzettel, verändern Sie die Position Ihrer Wasserflasche oder schneiden Sie einen Apfel in zwei Teile. Jede Handlung ist eine Quelle, Ihre Macht zu spüren und zu stärken.

Behandeln Sie Ihre Ziele und Erwartungen wie gute Freunde, lachen Sie mit ihnen, haben Sie Freude aneinander und pflegen Sie einen guten emotionalen Kontakt. Die Kombination von positiven Emotionen und Macht wirkt sich übrigens sehr positiv auf Ihr Selbstvertrauen aus.

Mentale Ebene

Je positiver Ihre Erwartungen sind, desto positiver ist das Ergebnis. Die stärksten Hindernisse beim Manifestieren sind Zweifel jeder Art. Beenden Sie ab sofort eine sehr häufig auftretende Gewohnheit in Bezug auf Zweifel. Sie erwarten etwas, und sobald der erste Zweifel auftaucht, glauben Sie, etwas falsch gemacht zu haben, den Fokus nicht gut genug zu halten oder nicht machtvoll genug zu sein. Das ist Quatsch! Sie werden Zweifel haben, solange Sie leben, das ist Teil des Menschseins. Nutzen Sie die Kraft Ihres Bewusstseins, um sofort wieder in eine positive Erwartungshaltung zurückzukehren, und schenken Sie den Zweifeln keine Beachtung. Sie wissen, im Universum gibt es eine Vielzahl an Möglichkeiten. Ihr Fokus beeinflusst, welche Möglichkeit sich manifestiert.

Auch Angst und Unsicherheit schwächen Ihre Macht, Gedanken wie »Ich weiß nicht, ob es richtig ist«, »Ich weiß nicht, ob ich es kann«. Niemand weiß es! Wenn Sie es nicht ausprobieren, werden Sie es nie erfahren! Es gibt keine falschen oder richtigen Entscheidungen. Die Zukunft ist offen, deshalb kann es keine falschen Entscheidungen geben. Sobald Sie erkennen, wohin eine Entscheidung führt, können Sie darauf reagieren und entscheiden, was Sie als Nächstes tun. Haben Sie keine Angst vor Enttäuschungen. Ermächtigen Sie sich, dass Sie damit umgehen können und Ihren Weg weiterverfolgen. Machen Sie sich Ihre Macht bewusst, indem Sie an Handlungen denken, die Sie im Schlaf beherrschen. Gestalten Sie sich Gedankenmodelle, die Ihnen ein gutes Gefühl geben.

Ein wirklich tolles mentales Instrument zur Stärkung Ihrer Macht sind Ihre Imaginationsfähigkeiten. Wir haben so viele Energiequellen um uns herum. Angefangen bei der Kaffeemaschine, dem Computer, dem Automotor, dem Baum vor dem Fenster oder der Sonne. Das alles sind Antworten auf die Frage: »Wie kann ich jetzt gerade mein Energieniveau anheben?« Stellen Sie sich einfach vor, Sie können sich mit der Kraft Ihrer Gedanken mit diesen Energiequellen verbinden und sich Impulse holen, damit Sie machtvoller werden.

Wie effektiv können Sie sein?

Darüber entscheiden Ihr Energiefluss, der Einsatz Ihrer Macht und Ihr Fokus. Je klarer der Fokus, desto klarer die Ergebnisse. Manifestieren ist keine Frage des Zeitaufwands, es ist eine Frage der Intensität. Wie oft am Tag denken Sie an Ihr Ziel – in kleinen, intensiven Sekundeneinheiten? Welche Alltagshandlung haben Sie damit verbunden? Wie begeistert sind Sie davon, und welche konstruktiven Gedanken bewegen Sie dazu in sich? Die Kombination von Tun, Fühlen und Denken macht Ihre Erwartungen stark und lebendig. Das Universum ist grenzenlos. Wir holen das in unser Leben, was am besten zu unserem Ziel passt. Unser körperlicher, emotionaler und mentaler Zustand beeinflusst das Ergebnis unseres Manifestationsprozesses. Wir sind auf dieser Welt, um zu gestalten, Begrenzungen durch unser Lebensfeuer zu löschen und uns an der Intensität der Flammen zu erfreuen. Wir sind so viel mehr, als wir derzeit denken. Wir sind wunderbar, kraftvoll, energiegeladen, tatkräftig, leidenschaftlich und lebensfroh. Diese Version von uns existiert, und mit kreativem Denken wird sie lebendiger. Indem wir über uns hinauswachsen, vereinigen wir uns mit ihr.

Überraschung!

»Stets findet Überraschung statt, da wo man's nicht erwartet hat.« *Wilhelm Busch*

Ich liebe positive Überraschungen, Sie bestimmt auch! Sie tragen den Zauber des Unerwarteten in sich und sind das Salz in der Suppe des Lebens. Mit einem flexiblen Weltbild häufen sich positive Überraschungen und Erlebnisse. Sie bringen unser Lebensfeuer zum Glühen. Wir fühlen uns lebendig, sind voller Energie und haben Freude daran, unseren freien Willen auszudrücken. Positive Erlebnisse sind der stärkste Motivationsschub, um einen neuen Weg weiterzuverfolgen und über sich selbst hinauszuwachsen.

Ich möchte eine positive Überraschung mit Ihnen teilen, um Sie einzuladen, sich mehr positive Erlebnisse zu schenken.

Während ich an diesem Buch schreibe, passiert etwas mit mir. Ich nehme mich plötzlich als schwingendes, pulsierendes Energiefeld wahr. Ich empfinde eine unbeschreibliche Freude, ein Glücksgefühl umhüllt mich wie eine weiche Kuscheldecke. Ich spiele mit verschiedenen Gedanken und beobachte dabei mein Energiefeld. Ich kann wie ein Zauberer etwas sichtbar machen und wieder verschwinden lassen. Ich kann ein Geschehen hervorrufen, es verändern und auflösen. Ich bin fest und flexibel zugleich. Dieser schwingende Teil von mir ist genauso real und spürbar wie mein materieller Körper. Ich habe eine große Barriere meines Denkens überwunden. Ich erkenne die Geschenke, die durch ein flexibles Weltbild in mein Leben kommen, und fühle mich unendlich reich und kraftvoll. Freude und Gelassenheit entstehen. Das Leben ist aus dieser Perspektive ein Spiel, ein Abenteuerspielplatz und ein Zustand des Glücks. In dem Moment entdeckte ich eine neue Dimension davon, was Leben wirklich bedeutet.

Sorgen Sie für Überraschungen und positive Erlebnisse, glauben Sie an wundersame Dinge, und erweitern Sie Ihr Vorstellungsvermögen. Die Zukunft ist offen, und wir sind der Regisseur im Spiel des Lebens. Wir sind schon so oft im Leben über uns hinausgewachsen. Wachsen ist so leicht, mit und ohne Stöckelschuhen, und vor allem ist Wachsen der Ausdruck unserer Leidenschaft zu leben. Deshalb rufe ich Ihnen zu: »Wachsen Sie über sich hinaus!«

Geben Sie mit kreativem Denken Ihrem Lebensfeuer die beste Nahrung, und staunen Sie, was Sie alles können. Je weiter es geht, desto mehr Leidenschaft und Freude entsteht, und das ist der Sinn des Lebens! Lassen Sie Ihrer Leidenschaft freien Lauf, und holen Sie sich die Sterne auf die Erde!

>>Kannst du einen Stern berühren?<, fragte man es. >Ja<, sagte das Kind, neigte sich und berührte die Erde.<< *Hugo von Hofmannsthal*

Danksagung

Ich danke all den Menschen, die mir im Laufe des Lebens begegnet sind und so waren, wie sie eben waren. Sie haben mich auf ihre Weise inspiriert, das Beste aus mir zu machen, mich weiterzuentwickeln und über mich hinauszuwachsen. Ich freue mich auf die Menschen, die mir noch begegnen werden, denn ich möchte weiter wachsen!

Über die Autorin

Susanne Weikl ist Heilpraktikerin (Psychotherapie), schamanische Heilerin und Alaka'i (Huna-Lehrerin) von Aloha International, Hawaii. Mit Anfang 40 richtete sie ihr Leben neu aus, beendete ihre langjährige Tätigkeit in der Personalentwicklung einer Bank und widmete sich ganz der Heilarbeit. Mit Leidenschaft ist sie dem Geheimnis der Heilung auf der Spur. In ihrer Arbeit profitiert sie dabei von ihren Begegnungen und dem Austausch mit Heilern weltweit. Seit mehr als 10 Jahren arbeitet sie als Therapeutin und Heilerin in ihrer eigenen Praxis in Neu-Ulm. Ihr breites Wissen gibt sie mit Begeisterung in Einzelsitzungen, Trainings und in der Ausbildung zum zertifizierten Huna Practitioner© weiter. Dabei bevorzugt sie einfache Lösungen und bietet einen Heilweg an, der Harmonie und Lebensfreude vermehrt. Die Natur ist ihre Inspirationsquelle für neue Ideen und Impulse. Sie hört und erzählt gerne Erfolgsgeschichten und fordert die Menschen auf, ihre enormen Heilkräfte zu aktivieren. Ihr Ziel ist es, ihre Kursteilnehmer zu ermächtigen, eine individuelle Art des Heilens, ihr Huna zu finden.

www.susanne-weikl.de

Entdecken Sie noch mehr
Kraftquellen im Alltag!

Susanne Weikl
Harmonie in 3 Minuten
36 Heilübungen für eine kraftvolle
Lebensgestaltung
240 Seiten
ISBN 978-3-8434-1230-8

Susanne Weikl
Von der Seele geküsst ...
Die eigene Seele als Inspirations-
und Kraftquelle im Alltag nutzen
128 Seiten
ISBN 978-3-8434-1271-1

Bildnachweis

Bilder von der Bilddatenbank www.shutterstock.com:
Schmuckelemente auf allen Seiten: Hintergrund S.3–85 und 119–144: #390583723 (©aprilante), Ornament: #299070206 (©Maroshka), Ranke: #298577210 (©Alenka Karabanova), Hunablüte: #310492223 (©Natykach Nataliia), Hintergrund S.87–117: #296959085 (©Seita), Weitere Bilder: S.11 #511139071 (©Maridav), S.14 #674782324 (©Olena Tur), S.20 #441797605 (©Ekaterina Pokrovsky), S.30 #447832723 (©Voyagerix), S.40 #206291818 (©FWStudio), S.50 #419258830 (©lzf), S.58 #620676236 (©Capture Light), S.62 #127957634 (©Patrick Foto), S.69 #533979292 (©Subbotina Anna), S.72 #487739608 (©weerastudio), S.82 #648679210 (©aoryfoto37), S.86 #359951588 (©Ipatov), S.118 #127371818 (©Mykola Mazuryk), S.124 #282705149 (©fotohunter), S.136 #521631253 (©sumroeng chinnapan), S.138 #27614965 (©artjazz), S.141 #94938676 (©gorillaimages), S.142 #141076960 (©Nelosa)